中国社会科学院创新工程学术出版资助项目

夏洪胜 张世贤◎主编

U0678646

## 21世纪工商管理文库

# 创业与企业家精神

Business and Entrepreneurship

经济管理出版社
ECONOMY & MANAGEMENT PUBLISHING HOUSE

**图书在版编目（CIP）数据**

创业与企业家精神/夏洪胜，张世贤主编. —北京：经济管理出版社，2013.4（2021.3重印）
（21世纪工商管理文库）
ISBN 978-7-5096-2342-8

Ⅰ.①创… Ⅱ.①夏… ②张… Ⅲ.①企业管理—研究 Ⅳ.①F270

中国版本图书馆 CIP 数据核字（2013）第 036913 号

组稿编辑：何　蒂
责任编辑：孙　宇
责任印制：黄章平
责任校对：李玉敏

出版发行：经济管理出版社
　　　　　（北京市海淀区北蜂窝 8 号中雅大厦 A 座 11 层　100038）
网　　　址：www. E-mp. com. cn
电　　　话：（010）51915602
印　　　刷：北京虎彩文化传播有限公司
经　　　销：新华书店
开　　　本：720mm×1000mm/16
印　　　张：13.75
字　　　数：226 千字
版　　　次：2014 年 3 月第 1 版　2021 年 3 月第 3 次印刷
书　　　号：ISBN 978-7-5096-2342-8
定　　　价：39.00 元

# 总 序

    1911 年，泰勒《科学管理原理》的发表标志着管理学的诞生。至今，管理学已经走过了整整 100 年，百年的实践证明，管理学在推动人类社会进步和中国改革开放中发挥了巨大的作用。在这个具有历史意义的时刻，我们也完成了《21世纪工商管理文库》的全部编写工作，希望以此套文库的出版来纪念管理学诞生100 周年，并借此机会与中国企业的管理者们进行交流与探讨。

    "绝不浪费读者的时间"，这是我在筹划编写本套文库时所坚持的第一理念。时间是管理者最宝贵的资源之一，为了让读者尽可能高效率地学习本套文库，我们的团队力求通过精练的文字表达和鲜活的案例分析，让读者在掌握基础知识的同时获得某种思维上的灵感，对解决企业实际中遇到的问题有所启发，同时也获得阅读带来的轻松和愉悦。"绝不浪费读者的时间"，这是我们对您的承诺！

## 一、编写《21 世纪工商管理文库》的出发点

    本人从事工商管理领域的学习、研究、教学和实践工作多年，在这一过程中不断探索和思考，形成了自己的一系列观点，其中的一些观点成为编写本套文库的出发点，希望能尽我微薄之力，对我国企业的发展有所帮助。

    1. 工商管理是一门应用性极强的学科，该领域的基础理论成果基本上来源于以美国为主的西方国家。在工商管理领域的研究方面，我国应该将重点放在应用研究上。

2. 工商管理在很大程度上受制度、历史、文化、技术等因素的影响。对于源自西方国家的工商管理基础理论，我们切不可照搬照抄，而应该在"拿来"的基础上根据我国的实际情况加以修正，然后将修正后的理论运用于我国的实践。

3. 目前，我国的 MBA、EMBA 所用的经典教材多数是西方国家的翻译版本，不仅非常厚，内容也没有根据中国的实际情况进行调整，在学时有限的情况下学生普遍无法学通，更谈不上应用，这可以从众多的学位论文和与学生的交流中看出。

4. 做企业，应该先"精"后"强"再"大"，并持续地控制风险，只有这样才能保证企业之树长青。而要做到这些，一个非常关键的因素就是对工商管理知识的正确运用，所以，无论多忙，我国的企业管理者们都务必要全面系统地学习适合国情的工商管理知识，以提升企业的软实力。

5. 随着国际化程度的加深，我国急需一批具有系统的工商管理知识和国际化视野且深谙国情的企业家，这一群体将成为我国企业走向国际化的希望。企业的中高层管理者是这一批企业家群体的预备军，因此，我们应该尽力在我国企业的中高层管理者中培育这个群体。

"路漫漫其修远兮，吾将上下而求索"。企业是国家的经济细胞，也是国家强盛的重要标志之一。当今世界，企业间的竞争日趋激烈，我国企业的管理者们要有强烈的危机意识和竞争意识，必须从人、财、物、信息、产、供、销、战略等各方面全方位地提升我国企业的管理水平，力争建成一批世界知名的和有国际影响力的中国企业，这批企业将是中国经济的基础和重要保障。我希望本套文库能够与中国企业中高层管理者的实践碰撞出灿烂的火花，若能如此，我多年的心血和我们团队的工作便有了它存在的价值。

## 二、《21 世纪工商管理文库》的内容

中国企业非常需要有一套适合中国国情的工商管理文库，博览以往工商管理类的书籍，它们对中国企业的发展确实起到了非常重要的作用，但是却鲜有一套文库的内容可以同时将基础性的知识、前沿性的研究和最适合在中国应用的理论

结合工商管理内容的本质,以深入浅出、通俗易懂的表达方式全面呈现出来。由于中国的中高层企业管理者用在读书学习上的时间非常有限,这就要求本套文库能让企业管理者花较少的时间,系统地掌握其内容并加以运用。

鉴于此,本人与国内外同行进行了深入的探讨,同时,也与一大批内地、港澳台地区及国外企业家和学者进行了广泛的接触与交流,并实地调研了大量中外企业。在此基础上,仔细查阅了国内外著名大学商学院的有关资料,并结合自己的研究,首次构建并提出了如图Ⅰ所示的工商管理内容模型。该模型经过数十次的修正,直到工商管理理论研究同行与实践中的企业家们普遍认可后才确定下来。它由31本书组成,平均每本200页以上,基本涵盖了工商管理的主要内容,是目前我国较为系统、全面并适合中国企业的工商管理文库。

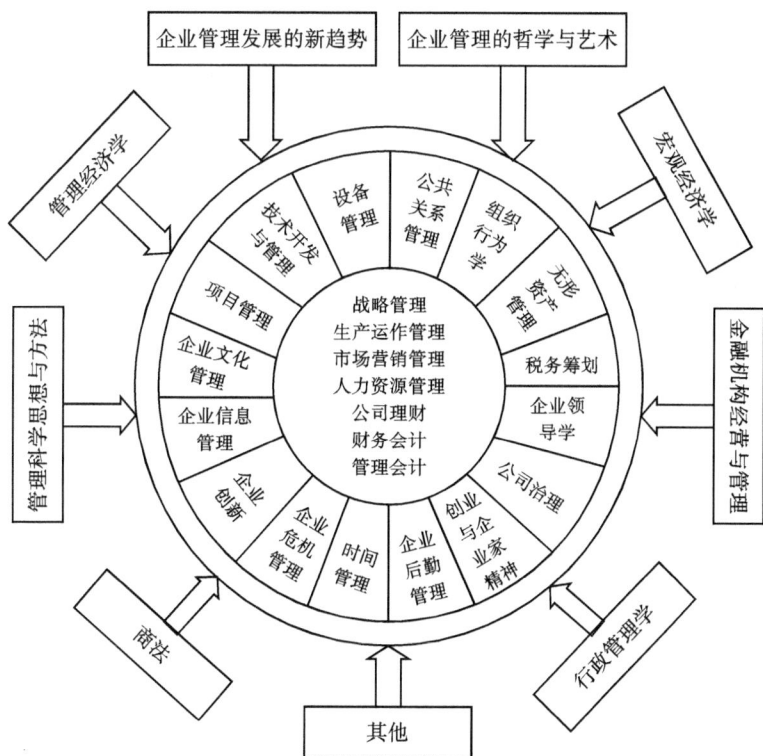

**图Ⅰ 工商管理内容模型**

该工商管理内容模型共分为如下三个部分：

第一部分为核心内容（图Ⅰ中小圆内部分）。该部分内容共分为7个方面：①战略管理；②生产运作管理；③市场营销管理；④人力资源管理；⑤公司理财；⑥财务会计；⑦管理会计。

以上7个方面的内容是工商管理最基本的部分，也是工商管理最核心的部分，这些内容是任何企业都应该具有的。可以说，工商管理其他方面的内容都是围绕这7个方面的内容展开的。这7个方面的内容各有侧重又彼此关联。

我们称这7个方面的内容为工商管理的核心系统，该系统是工商管理专业的核心课程。

第二部分为辅助内容（图Ⅰ中小圆与大圆之间部分）。该部分内容共分为16个方面：①企业领导学；②公司治理；③创业与企业家精神；④企业后勤管理；⑤时间管理；⑥企业危机管理；⑦企业创新；⑧企业信息管理；⑨企业文化管理；⑩项目管理；⑪技术开发与管理；⑫设备管理；⑬公共关系管理；⑭组织行为学；⑮无形资产管理；⑯税务筹划。

以上16个方面的内容是工商管理的辅助内容。不同行业的企业和企业发展的不同阶段都会不同程度地运用到这些内容。这16个方面的内容与核心系统一起构成了企业管理的主要内容。

我们称这16个方面的内容为工商管理的辅助系统，该系统是工商管理专业的选修课程。

第三部分为支撑内容（图Ⅰ中大圆外部分）。该部分内容共分为8个方面：①宏观经济学；②金融机构经营与管理；③行政管理学；④商法；⑤管理科学思想与方法；⑥管理经济学；⑦企业管理发展的新趋势；⑧企业管理的哲学与艺术。

以上8个方面的内容对企业管理起到支撑、支持或制约的作用，企业管理的思想、方法、环境等都与这些内容密切相关，甚至企业管理的绩效直接与这8个方面的内容有关。

我们称这8个方面的内容为工商管理的支撑系统，该系统是工商管理专业的公共必修课程。

需要说明的是，在该模型中，我们标出了"其他"，这是由于工商管理的内容非常丰富，其模型很难包罗万象，而且工商管理本身也在发展中，无论是核心系统、辅助系统，还是支撑系统，都可能在内容上发生变化。因此，我们将该模型中没有表明的内容用"其他"表示。

综上所述，整个工商管理内容模型是由核心系统、辅助系统、支撑系统三大系统组成。我们也可称之为工商管理的三维系统，其中，核心系统和辅助系统构成了企业管理的主要内容。

我们进一步将核心系统和辅助系统按照关系密切程度划分为 5 个子系统，它们分别是：

子系统 1：战略管理、企业领导学、公司治理、创业与企业家精神、企业后勤管理、时间管理、企业危机管理、企业创新、企业信息管理、企业文化管理。该子系统各部分都会对企业产生全局性的影响。

子系统 2：生产运作管理、项目管理、技术开发与管理、设备管理。该子系统各部分技术性强，偏重定量分析，且各部分之间关系密切。

子系统 3：市场营销管理、公共关系管理。该子系统各部分之间关系密切，公共关系的有效管理有助于市场营销管理。

子系统 4：人力资源管理、组织行为学。该子系统各部分之间关系密切，组织行为学是人力资源管理的基础。

子系统 5：公司理财、财务会计、管理会计、无形资产管理、税务筹划。该子系统各部分之间关系密切，公司理财、财务会计、管理会计构成了企业的财务管理体系，同时也是无形资产管理、税务筹划的基础。

以上 5 个子系统也可以作为企业管理的 5 个主要研究方向：①战略管理方向；②生产运作管理方向；③市场营销管理方向；④人力资源管理方向；⑤财会管理方向。其中，战略管理是企业的定位；生产运作管理是企业的基石；市场营销管理是企业生存的手段；人力资源管理是企业的核心；财会管理是企业的灵魂。

当然，工商管理内容模型中的各个部分不是孤立存在的，它们彼此之间常常是有关联的，甚至有些内容还有交叉。如"采购管理"作为企业管理中非常重要的内容，本套文库在生产运作管理、项目管理和企业后勤管理三本书中均有涉及。虽然三本书中关于"采购管理"的内容均有关联和交叉，但三本书中所呈现出来的相应内容的侧重点又是不同的。

## 三、《21世纪工商管理文库》的内容本质

通过多年来对国内外工商管理理论与实践的研究，我们认为《21世纪工商管理文库》的内容本质可以精辟地概括成如表I所示。

**表I 《21世纪工商管理文库》的内容本质**

| 书名 | 内容本质 |
|---|---|
| 1.战略管理 | 找准企业内部优势与外部环境机会的最佳契合点，并保持可持续发展 |
| 2.生产运作管理 | 依据市场的需求和企业的资源，为客户生产和提供物超所值的产品 |
| 3.市场营销管理 | 以有限的资源和真实的描述，尽可能让企业的目标客户了解并购买企业的产品 |
| 4.人力资源管理 | 适人适才、合理分享、公平机会、以人为本、真心尊重，创造和谐快乐的工作环境 |
| 5.公司理财 | 使公司的资产保值增值并在未来依然具有竞争力 |
| 6.财务会计 | 合规、及时、准确地制作财务会计报表，并运用财务指标评价企业的经营状况 |
| 7.管理会计 | 让管理者及时、准确地了解其经营活动与各项财务指标的关系并及时改善 |
| 8.企业领导学 | 道德领导、诚信经营，承前启后、继往开来 |
| 9.公司治理 | 以科学的制度保障权力的相互制衡，维护以股东为主体的利益相关者的利益 |
| 10.创业与企业家精神 | 发现和捕获商机并持续创新 |
| 11.企业后勤管理 | 通过企业的间接管理活动，使其成本最低和效率最高 |
| 12.时间管理 | 依重要和缓急先后，合理分配时间，从而达成目标 |
| 13.企业危机管理 | 大事化小，小事化了，转危为机 |
| 14.企业创新 | 快半步就领先，持续保持竞争优势 |
| 15.企业信息管理 | 及时和准确地为管理者提供相关的管理信息 |
| 16.企业文化管理 | 以共同的信念和认同的价值观引领企业达到具体的目标 |
| 17.项目管理 | 以有限的资源保质保量完成一次性任务 |
| 18.技术开发与管理 | 将未来的技术趋势转化为商品的过程与管理 |
| 19.设备管理 | 使设备具有竞争力且寿命最长和使用效率最高 |
| 20.公共关系管理 | 使企业与所有利益相关者的关系最和谐且目标一致 |
| 21.组织行为学 | 科学组建以人为本的有效团队 |

| 书名 | 内容本质 |
|---|---|
| 22.无形资产管理 | 化无形为有形，持续发展无形的竞争优势 |
| 23.税务筹划 | 合法、有道德且负责任的节税手段 |
| 24.宏观经济学 | 保持国民经济可持续和健康发展的理论基础 |
| 25.金融机构经营与管理 | 服务大众，科学监管 |
| 26.行政管理学 | 科学制定"游戏"规则，构建长富于民的政府管理机制 |
| 27.商法 | 维护经济秩序并保护企业或个人的合法权益 |
| 28.管理科学思想与方法 | 以可靠准确的数据为基础，优化各类资源的使用效率和效果 |
| 29.管理经济学 | 微观经济学的理论在企业经营决策中的应用 |
| 30.企业管理发展的新趋势 | 企业未来的管理方向 |
| 31.企业管理的哲学与艺术 | 刚柔并济，共创所有利益相关者的和谐 |

## 四、《21 世纪工商管理文库》的特色

### （一）《21 世纪工商管理文库》在叙述方式上的特色

1. 每本书的封面上都对该书的内容本质有精辟的描述，这也是贯穿该书的主线，随后对该书的内容本质有进一步的解释，以便读者能深刻领悟到该书内容的精髓所在；并在总序中对整个《21 世纪工商管理文库》的内容本质以表格的形式呈现。

2. 每本书的第一章，即导论部分都给出了该书的内容结构，以便读者能清晰地知道该书的整体内容以及各章内容的逻辑关系。

3. 每本书的每章都以开篇案例开始，且每一节的开头都有一句名人名言或一句对本节内容进行概括的话，以起到画龙点睛的作用。

4. 每本书的基础理论大部分都有案例说明，而且基本上是在中国的应用，尽量使其本土化。

5. 每本书都非常具有系统性、逻辑性和综合性，将复杂理论提炼成简单化、通俗化的语句并归纳出重点及关键点，尽量避免不必要的"理论"或"术语"，表达上简洁明了、图文并茂、形象鲜活。

### （二）《21 世纪工商管理文库》在内容上的特色

1. 本套文库建立了完整的工商管理内容模型，该模型由核心系统、辅助系统和支撑系统组成。在该模型中，读者能够清晰地看到工商管理内容的全貌以及各

部分内容之间的关系，从而更加有针对性地学习相关内容。这也是本套文库的基本内容框架，从该框架可以看出，本套文库内容全面，具有很强的系统性和逻辑性，且层次分明。

2. 本套文库的内容汇集和整合了古今中外许多经典的、常用的工商管理理论和实践的成果，我们将其纳入本套文库的内容框架体系，使其更为本土化和实用化。可以认为，我们的工作属于集成创新或整合创新。

3. 每本书的内容都以"基础性"、"新颖性"、"适用性"为原则进行编写，是最适合在中国应用的。对于一些不常用或不太适合在中国应用的基础理论没有列入书中。

4. 核心系统和辅助系统（企业管理的主要内容）中的每本书都有对中国企业实践有指导意义的、该领域发展的新趋势，这可以让读者了解到该领域的发展方向，并与时俱进。为了便于读者阅读和掌握各个领域发展的新趋势，我们将本套文库中的所有新趋势汇集为《企业管理发展的新趋势》一书。

5. 核心系统和辅助系统中的每本书都有该领域的管理哲学与艺术，提醒企业不可僵化地运用西方的基本理论，而应该将中国的管理哲学与艺术和西方现代工商管理理论相结合，即将东西方的科学发展观与中国的和谐社会融合起来，这才是真正适合中国本土化的企业管理。为了便于读者阅读和掌握各个领域的管理哲学与艺术，我们将本套文库中的所有管理哲学与艺术汇集为《企业管理的哲学与艺术》一书。

**（三）《21 世纪工商管理文库》在功能上的特色**

1. 有别于程式化的西方 MBA、EMBA 教材。本套文库具有鲜明的中国本土问题意识，在全球化视野的背景下，更多地取材于中国经济快速增长时期企业生存发展的案例。

2. 有别于传统工商管理的理论教化。本套文库强调战术实施的功能性问题，力求对工商管理微观层面的问题进行分析与探讨。

3. 有别于一般的工商管理教科书。本套文库中的每本书从一开始就直接切入"要害"，紧紧抓住"本质"和"内容结构"，这无疑抓住了每本书的"主线"，在叙述方式和内容上，围绕这条"主线"逐步展开，始终秉承"绝不浪费读者时间"和"以人为本"的理念。

4. 有别于一般的商界成功人士的传记或分行业的工商管理书籍。本套文库以适合在中国应用的基础理论为支撑，着力解决各行业中带有共性的问题，以共性来指导个性。这也体现了理论来源于实践并指导实践这一真理。

5. 有别于同类型的工商管理文库。本套文库系统全面、通俗易懂，在叙述方式和内容上的特色是其他同类型工商管理书籍所不具备的，而且本套文库的有些特色目前在国内还是空白，如工商管理内容模型、本质、趋势与哲学等。另外，本套文库在表达方式上也颇具特色。

## 五、《21 世纪工商管理文库》的定位

1. 本套文库可供中国企业的中高层管理人员学习使用。通过对本套文库的学习，中国企业的中高层管理人员一方面可吸收和运用西方的适合在中国应用的基础理论，同时结合中国的管理哲学与艺术，把中国的企业做精、做强、做大，参与国际竞争，并保持可持续成长。

2. 本套文库可作为中国企业的中高层管理人员的培训教材。本套文库系统、全面、案例丰富，基础理论和中国实际结合紧密，这对于全面提高中国企业的中高层管理者的素质和管理水平是很有帮助的。

3. 本套文库可作为中国 MBA 或 EMBA 的辅助教材或配套教材，也可作为其他层次工商管理专业的辅助教材或配套教材。和现有的中国 MBA 或 EMBA 教材相比较，该套文库是一个很好的补充，而且更易读、易懂、实用。

明确的定位和清晰的理念决定了我们这套文库自身独有的特色，可以令读者耳目一新。

夏洪胜

2013 年 12 月

# 目　录

# 第一章 导论

## 史蒂夫·乔布斯：爱与失去

史蒂夫·乔布斯可以说是 IT 界的一个传奇人物，他在 20 岁的时候就创立了苹果电脑公司，到今天，苹果公司已经成为行业的巨头。但乔布斯的创业道路并不是一帆风顺的，他经历了很多波折，才有了如今的辉煌成就。

创业十年以后，苹果从一个不知名的小公司变成了拥有 4000 名员工、价值达到 20 亿美元的企业。当时乔布斯带领他的技术团队推出 Macintosh 电脑，算是苹果公司在那个时候最得意的作品。也就是在此之后，乔布斯被解雇了。一个人怎么可能被他所创立的公司解雇呢？原因是公司的两大管理者对公司未来的发展意见出现了分歧，而乔布斯的意见被公司的董事会否决了。

前半辈子的大部分时间都花在公司上面，如今被踢出局了，这对 30 岁的乔布斯来说是一个毁灭性的打击。离开公司的前几个月他感到失去了生活的重心，他的名声在企业界中也大大受损。但如果这样被打败了，就不是乔布斯了，虽然经历了惨痛的遭遇，但他的一腔热忱依然没有被浇灭。被苹果公司开除反而让乔布斯脱离了一个大型企业对他的束缚，他回想起来说道："我以自由之躯进入了我整个生命当中最有创意的时期。"

在接下来的 5 年里，乔布斯全身心投入全新的事业当中，开创 NeXT 公司和 Pixar 公司，其中 Pixar 现在已经成为世界上最成功的动画制作公司之一，它制作的《玩具总动员》是第一部全电脑制作动画，深受观众喜爱。而 NeXT 后来又被苹果公司收购了，于是乔布斯又回到了苹果公司，并且 NeXT 研发的技术成了推动苹果复兴的核心动力。

资料来源：http://www.chinaqking.com/rm/2007/5735.html.

【案例启示】"在你终有所获之前，不要停下你寻觅的脚步，不要停下。"生活有时候会跟你开玩笑，但不要就此气馁，前方总会有惊喜等着你。这是乔布斯的故事告诉我们的。如果没有被苹果解雇，也许没有凤凰涅槃，也没有后来的乔布斯。创业的道路注定不平凡，如何用坦荡的胸襟面对暴风骤雨，用顽强的意志战胜逆境的考验，企业家在踏上征途之前就必须做好充分的思想准备。

---

**本章您将了解到：**

● 创业的内涵及要素

● 创业者的分类及特征

● 企业家及企业家精神

---

# 第一节　创业概述

在哈佛，我们把创业定义为不局限于目前拥有的资源去寻找机遇。

——霍华德·史蒂文森

## 一、创业的定义

通常人们理解"创业"这个词语时，可以表示为：强调开端和草创的艰辛和困难；突出过程的开拓和创新意义；侧重在前人的基础上有新的成就和贡献。

那么如何理解"创业"呢？可以从三个方面入手：① 创建事业。用成功说明自己是社会的精英，用更多的资源去承载思想，让更多的人接受你的贡献；② 满足和完善社会的需求。用产品和服务去开拓需求，用更高效率去满足需求；③ 实现自己的自由和自主。用"商"实现自己的价值，实现生活的自由和自主。

在本书中，创业是富有企业家精神的创业者发现和捕获商机并创造价值的活动，其本质是一个识别、开发、利用和实现机会价值的过程。是否选择创业，不仅仅存在一个机会成本的问题，而且通常需要考虑创业风险的大小。

## 二、创业的要素

创业的核心要素包括：创业者、商业机会、组织、资源（见图 1-1）。

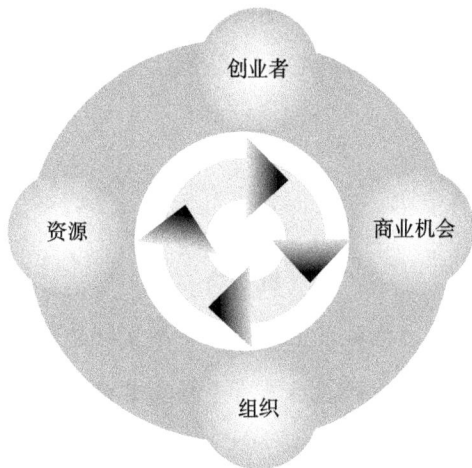

图 1-1　创业要素

### （一）创业者

创业者是创业的发起者，并在创业过程中发挥着领导的关键作用，其主要职能是识别商机、开发商机、利用商机、实现商机的价值。在开发、利用商机的过程中，创业者必须不断地去获取资源、有效配置和运用资源、灵活公关、开拓市场等来实现商机的价值。创业的成败在很大程度上取决于创业者的个性（在组织行为学中，个性包括性格、能力和气质）、素质和经验。创业的最大特点就是高风险、高收入，因而风险在创业的过程中是不可避免的，而只能是想方设法降低风险。所以在创业时，创业者应该将所需要承担的机会成本、财务亏损、身心不健康等风险纳入考虑的范围。

### （二）商业机会

商业机会即"市场缺口"，是指当前的市场需求未得到满足的地方，也就是能进一步地改善产品和服务从而更好地满足顾客需求的潜力。

识别一个好的商机，是创业的开始或起步；如何利用商机并将之转换为价值，是一个创业的过程；实现商机价值，是创业成功的表现。商业机会包括可利用性、适时性和永恒性三个特点。可利用性是指可以通过实现商机的价值来满足市场的需求并能谋取利益；适时性是指机会的出现是短暂的、不可重复性的，一旦没有抓住，就意味着永远地失去了这次机会，所以创业者要好好把握机会，及时地抓住商机；永恒性是指在市场中永远蕴藏着各种商机，尤其在市场需求、环境不断变化的情况下，随时都会萌生各种商机，主要在于创业者的发掘与把握。

【拓展阅读】

### 机 会

有一个贫穷的懒汉，他祈求上帝给他一个发财的机会。上帝指定他去某个地方等着，机会会去找他的。后来有个怪物来找他，让他跟它走，懒汉看它不像好东西，理都不理。殊不知，这就是上帝赐给他的，懒汉后悔不已。为了给懒汉一个弥补的机会，上帝让他以后不要错过任何事，大事小事，自己的事，别人的事，只要是身边的事，都去做。懒汉听了上帝的话，每天努力地做事，最后成了当地的首富。

资料来源：http://www.bokee.net/company/weblog_viewEntry/8695825.html.

### (三) 组织

组织是创业的载体，也是协调创业活动的系统。一个人是无法完成创业的，因为受到个人能力、精力和时间等的限制，所以必须通过协调他人一起来完成创业这个过程。换句话说，一个创业的组织也就是一个创业的团队。组织不仅仅起着协调活动的作用，而且可以有效地整合资源，从而通过组织的力量来实现创业的目标。

创业型组织是一个以创业者为中心而形成的关系网络，这个关系网络包括组织的内部员工、顾客、投资商、销售商、供应商等参与创业活动的相关人员。保持这个网络中各个利益团体的和谐关系，营造一种良好的组织氛围，是创业成功的必要条件之一，也是企业得到可持续发展的前提和基础。

### (四) 资源

资源有广义和狭义之分，狭义的资源仅仅是指组织内部中的资源，包括无形资源（如知识、品牌、商誉等）和有形资源（如厂房、机器等）；广义的资源包括组织内和组织外的资源，组织外的资源如人际关系、外部融资中的资源等。

创业的过程就是一个不断投入资源和产出产品（服务）的过程，也是一个有效利用各种资源实现机会价值的过程。投入与产出之比是衡量一个企业或组织是否有效的尺度。如果投入大于产出，那么意味着这个组织的效率比较低甚至是无效的；如果投入远远小于产出，那么说明这个组织的效率高。

## 三、创业机会

### (一) 创业机会的含义

大多数创业者和企业家都是把握了创业机会从而获得成功的。创业难，很大一部分在于机会很难识别。创业机会一般有如下几个定义：

（1）创业机会是可以为购买者或使用者创造或增加价值的产品或服务，它具有吸引力、持久性和适时性。

（2）创业机会是可以引入新产品、新服务、新原材料和新组织方式，并能以高于成本价出售的情况。

（3）创业机会是一种新的"目的—手段"关系，它能为经济活动引入新产品、新服务、新原材料、新市场或新组织方式。

### （二）创业机会的分类

一般而言，根据不同的标准，可以对创业机会进行不同的分类。

#### 1. 根据创业机会的来源

根据创业机会的来源可以分为问题型机会、趋势型机会和组合型机会。

（1）问题型机会，指的是由现实中存在的未被解决的问题所产生的一类机会。

（2）趋势型机会，指的是在变化中看到未来的发展方向，预测到将来的潜力和机会。

（3）组合型机会，就是将现有的两项以上的技术、产品、服务等因素组合起来，以实现新的用途和价值而获得的创业机会。

#### 2. 根据目的—手段关系的明确程度

根据目的—手段关系的明确程度可以分为识别型机会、发现型机会和创造型机会。

（1）识别型机会，指的是市场中的目的—手段关系十分明显时，创业者可以通过目的—手段关系的连接来辨识机会。

（2）发现型机会，是指当目的或手段任意一方的状况未知，等待创业者进行机会发掘。

（3）创造型机会，指的是目的和手段都不明朗，因此创业者要比他人更具有先见之明，才能创造出有价值的市场机会。

## 四、创业的过程

创业描述的是创业者的一系列创业行为的过程，所以对创业过程进行分析可以帮助我们抓住创业过程的关键特征，把握创业过程的核心问题。

Wickham 的创业过程模型（见图 1-2）告诉我们，创业者是创业活动的核心。创业者通过对资源的整合和管理、对创业组织的领导、对商机的识别和确认，从而实现创业的目的。而资源、机会、组织这三个要素除了与创业者直接相关之外，它们相互之间也有密切的联系：包括人、财、物在内的创业资源要集中在对创业机会的把握上，并且要考虑资源的成本和风险；同时资源的集合形成了一个系统的创业组织的雏形，如组织架构、组织的资本结构、规章制度和组织文化等；而创业组织又形成一个有机的整体，这个整体要适应创业者所开发的机会，所以组织要根据环境的变化而不断变革，调整姿态重新投入到新的机会当中。创业者与资源、机会、组织这四个要素之间的联系形成了"创业活动"这一完整的系统。高效、可持续的系统会促进创业产出的成功，反之会导致失败。

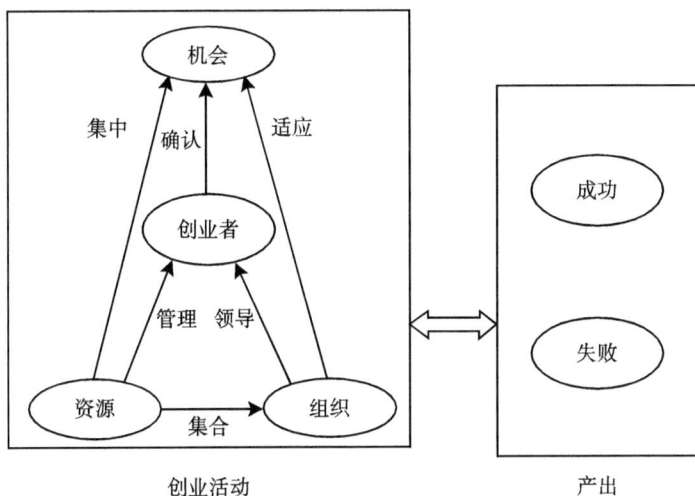

**图1-2　Wickham 创业过程模型**

从这个模型可以看出，创业活动的组织是一个学习型组织。学习型组织最大的特点就是能及时地适应环境的变化，不断发现和利用新的机会，结合自身的优势对机会作出反应，力求挑战自我，争取更大的绩效，实现更高的价值。要达到这种效果，组织本身要根据环境的变化而大胆革新，从组织结构、运作流程、资本结构或文化等方面进行创新，并从失败中吸取教训，从而获得更大的成功。

**【案例1-1】**

### 比尔·盖茨成功的秘诀

世界首富比尔·盖茨创业成功的原因有两个，眼光好和量要大。什么是"眼光好"？比尔·盖茨认为有三个方面：一是创业者要能看清局势，判断未来发展的趋势。很多人认为当今时代信息的拥有量决定着你是否能成功，比尔·盖茨却注重分析未来的发展趋势。他认为如果前进的方向都错了，搜集再多的信息也只是白费力气。二是专注的市场要有很大的发展潜力，只有有市场、有销路的产品，才能成就一个企业。三是竞争对手越少的行业，成功的概率越高。新时代企业的竞争是无比激烈的，钻进一片空白的市场，选择竞争对手较少的行业，更能开拓出一番新事业。

另外，什么是"量要大"呢？即是说一开始创业就要做好做大做强的准备，创业过程中要为以后扩大规模做好铺垫。立足于长远的战略定位、公平竞争、注重品牌建设，等等，都是着眼于未来发展的重要措施。在创业过程中，我们可以借鉴比尔·盖茨的经验，尽量少走弯路，把公司做精做强做大。

资料来源：杰弗里·扬著. 福布斯电脑革命 [M].尹灿等译.海口：海南出版社，1999.

## 第二节  创业者

创业不仅是一个人的生活状态，更是一种社会责任。

——宋文明

## 一、创业者的定义

"创业者"就是自主创业，在追求个人富足和自身价值实现的同时，创造社会财富，切实为国家经济的发展和社会的进步做出积极贡献的群体。[①]

创业的过程本身就是一个创新的过程，创业者实质上就是创新者。通常情况下，创办企业、开发产品、改进技术、发展生产、节约成本、提高管理效率等都离不开创新。然而，创新并非凭空出现的，创新的出现是基于个人工作经验的积累以及特定的环境，成功的创新需要不断的实践。

## 二、创业者的分类

国内外很多学者从不同的角度对创业者进行了不同的划分，本书主要根据企业创办渠道的角度，将创业者分为独立创业者、母体脱离创业者和企业内创业者三种（见图 1-3）。[②]

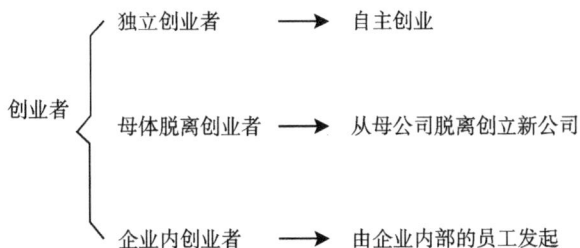

图 1-3　创业者分类

### （一）独立创业者

独立创业者是指自主创业，并独立承担创业带来的损失的个人或团体。独立创业是指依靠创业者个人或团队自身能力而进行的创业活动，是创业的主要存在

---

① 彼得·德鲁克. 创新与企业家精神 ［M］. 北京：清华大学出版社，2007.
② 张玉利，张维，陈立新. 创业管理——理论与实践的新发展 ［M］. 北京：清华大学出版社，2006.

形式。造成独立创业的原因来自两个方面：一是创业者自身的因素，包括实现自身价值、愿望，不愿受他人的指挥和领导，不喜欢原先组织中的某些人和事，在原先组织中无法获得自身的发展，期望获得成功等；二是外部环境因素，包括顾客需求的变化，经济形势的新发展，政治格局的改变等。

独立创业的优点在于：所获得的收益大，创业者不受他人的约束，可以充分发挥自身的潜能，实现自我人生的价值等。缺点在于：所承担的风险高，难度大。其中风险高是由于创业者必须独自承担创业过程中所产生的任何损失；难度大是指在创业的过程中，由于资金、资源或顾客、客户的短缺以及创业者缺乏经验等因素导致创业企业难以生存和发展。

**（二）母体脱离创业者**

母体脱离创业是指公司内部的管理者或员工从母公司中脱离出来，新成立一个独立企业的创业活动。与独立创业者不同的是，母体脱离创业者拥有比较成熟的管理经验，具备相关的专业技能和知识，而且有来自母公司的支持和资源。母体脱离创业的原因通常有以下几个方面：

（1）母体规模太大、难以管理，需要分离出子公司以便进行专业化的管理和生产。

（2）为了充分地利用母公司的资源，扩大其市场占有率，从而创建新的企业。

（3）由于高层意见不合，想分离开来独立地进行经营管理，导致公司被分割成几个独立的部分。

通常情况下，从母体分离出来的创业企业成活率很高。其主要原因在于：一方面，母体脱离的创业者一般是母公司的管理者，对母公司的经营模式、管理方法等都比较熟悉，并且能够吸取母公司成功的经验和失败的教训，从而大大地降低了创业失败的风险；另一方面，母公司给脱离出来的新的企业在资金、技术、资源等方面提供了保障，进一步降低了创业失败的概率。

**（三）企业内创业者**

企业内创业者是指参与到企业内部创业活动中的任何一个员工。这种企业内部创业的兴起主要是由于环境日益变化、企业之间的竞争越来越激烈，企业为了生存和发展不得不激励员工不断地创新。简单来说，企业内创业是由企业创新驱动，由内部企业家发起的创业活动。

企业内创业不仅可以不断地改善管理、改进生产、节约成本，还能实现技术创新、制度创新和管理创新等，满足企业自身发展的需要，而且可以实现员工低成本、低风险创业的愿望，极大地调动员工创新的积极性。这种方式的创业是未来创业发展的必然趋势之一。

## 三、创业者的特征

创业者一般都是与众不同的，他们具有以下能力特征（见图1-4）：

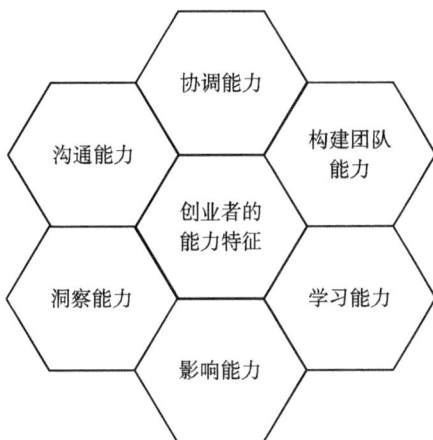

图1-4　创业者的能力特征

### （一）领导协调的能力

管理学上认为企业是"影响和推动一个群体或多个群体的人们朝某个方向和目标努力的过程"。影响力是领导的本质，引导、协调与激励是领导的主要职能，带领员工实现组织的目标是领导的主要目的。领导并非等同于管理，管理强调的是通过一系列的制度来"管"人，领导主要在于通过主动预测和把握方向来引"领"员工朝着正确的方向前进。简单来说，管理者相当于管理羊群的"牧羊犬"，领导者就犹如领导羊群的"领头羊"。

对于创业者来说，领导是其不可或缺的职能之一。创业不是一个人孤军奋战的过程，而常常是通过构建一支比较强的创业团队来实现的。领导的最大作用在于能够通过各种方式聚合集体的力量来实现员工的个人价值和组织的目标，提高工作的效率。管理界有句名言为"管理创造奇迹"，这同样也适用于领导。在开始创业时，拥有的不是资源的优势，也不是强大的实力，拥有的只是一支创业的团队而已。如何构建一支强大的创业团队，实现成功创业，领导在这个过程中起着十分关键的作用。创业者可以利用自身的魅力和感召力来影响员工、领导员工、激励员工，只有这样才会让员工意识到他们是企业的一分子，真心实意地为企业着想，努力实现创业目标。

**（二）与人沟通的能力**

在管理沟通中，有句名言："75%的组织绩效是通过沟通来实现的。"在企业中，领导者和管理者都是通过沟通来协调员工之间的关系，使员工充分地理解企业的愿景或组织的目标，激励员工朝着实现目标的方向努力。

沟通在管理中起着以下几个方面的作用：

（1）传递信息，及时地了解企业内外的变化。

（2）促进团队间的交流，满足员工沟通思想与表达情感的心理需要，改善人际关系，增加成员间的感情。

（3）在员工的充分沟通中了解问题出现的原因，共同解决问题。

（4）有效的沟通能够使沟通者产生新的想法，使思想的火花迸发，从而增强团队的创新力。

所以，对于创业者来说，良好的沟通能力不仅可以准确无误地传达信息，顺利地解决各种冲突，促进员工之间的和谐，而且有利于构建一支强大的创业团队，实现成功创业。在管理过程中，不能忽视倾听在沟通中的重要性。保罗说过："沟通首先是倾听的艺术。"另外，创业者还需要与客户进行沟通，即谈判。能否成功地与客户建立合作关系，影响着企业尤其是新创办企业的发展。

沟通的方式包括上行沟通、下行沟通与平行沟通，口头沟通与书面沟通，正式沟通与非正式沟通等。值得注意的是，企业家应该根据沟通的内容来调整沟通的方式，这样才能达到比较好的效果。

### （三）洞察能力

敏锐的洞察力是保证创业者有效实施创业的一个重要条件。

#### 1. 洞察发展，转化目标

洞察力是一种把握机会的能力，敏锐的洞察力是识别商机的重要前提。具有洞察力的创业者能够发现其他人没有发现的机会，发现机会并紧紧抓住机会不放，这便开始了创业的旅程。另外，洞察力也是创新不可或缺的能力。例如，微软技术的创新不是创造新的技术而是对新技术、新产品、新市场有敏锐的洞察并使之得到充分的运用。

随着经济环境变化的不确定性，市场需求的日益更新，新技术的层出不穷等，企业面临的风险也逐渐增大。企业要想紧跟时代的发展甚至领先一步发展，就必须拥有敏锐的洞察企业内外环境变化的能力。在 2008 年，由于美国次贷危机愈演愈烈，最终爆发了全球性的金融危机。在这场金融危机中，很多企业甚至是大型企业由于不能快速适应这种环境带来的变化而接连不断地倒闭。从这次金融风暴中，我们深刻地认识到：洞察变化不是企业的最终目的，及时地调整企业的目标并快速适应环境的变化才是企业发展的关键。

#### 2. 洞察变化，利导冲突

企业是以营利为目的的机构，并以企业为核心形成了各种相关团体，企业与这些团体之间存在各种冲突，而且在企业的内部也发生各种问题和变化。作为创业者，要么是处于这些冲突或变革之中的当事者，要么是解决这些冲突和变革的协调者。无论是充当变革的当事者还是协调者，创业者都应该敏锐地洞察环境的变化，及时地发现存在的冲突，并控制冲突，防止冲突进一步扩大，尽量降低冲突带来的损失，并"由表及里"地研究问题发生的本质原因。

### （四）影响能力

影响力是指使用一种他人乐意的方式来改变他人行为。领导者与管理者的区别在于，领导者主要靠其自身的魅力和号召力来影响员工，而管理者主要通过组织赋予他的权力来指挥员工。换句话说，领导的本质在于领导者的影响力。

在创业初期，创业者在各个方面具备的优势都不是很明显，那么如何吸引各种高素质的人才加入到创业的团队中来呢？创业者自身的魅力和影响力就是一个主要的因素。个人价值观、优秀的品格、丰富的工作经验、广泛的知识等因素有提升影响力的作用。所谓"物以类聚，人以群分"，创业者很容易得到与他的价值观和个性等类似的下属的支持和追随，这样便形成了一股力量。"成也萧何，败也萧何"，这股力量决定了创业的成败。所以，创业者利用自身的影响力有利于吸引有共鸣的有识之士来参与创业。

### （五）学习能力

学习力是指接受新的知识、思想或技能的能力。随着知识、技术等更新的速度越来越快，拥有知识的多少已经不是很重要，重要的是具备获得知识的能力。在 20 世纪七八十年代，市场存在很多的空白之地，只要有资源并不断地奋斗总能分到一杯羹，但是现在的创业与七八十年代的创业不同，现在创业不仅仅要靠资金、资源，而且要拥有完善的知识体系且有较强的学习能力，能快速及时地接受新的知识、新的技术、新的思潮以及新的方法等，这样才可能在市场越来越小的夹缝中求得生存与发展。因而创业者要想跟上时代和企业的发展，就必须不断地提高自身的学习能力。

另外，创业者除了提升自身的学习力之外，还应该注重加强组织的学习力。美国《财富》杂志指出："未来最成功的公司，将是那些基于学习型组织的公司。"无论是创业者还是创业团队，都不能停留在原地踏步，"学习如逆水行舟，不进则退"，没有前进也就相当于后退，所以学习并不是某一个时期的事情，而是终生的事情。

创业者不仅要具备自我学习的能力，而且要学会学习。而如何学会学习呢？首先应该做到内省、开放、自我超越。内省就是自我反省，但这个说起来容易做起来难。从人的本性来说，一般喜欢为自己所做的行为寻找理由或借口，将成功归于内因，将失败归于外因，并且习惯维持旧的习惯、思维和方法，排斥新的思想和变革。所以要真正做到自我反省，需要客观地评价自己、看待他人和事物，最重要的是有勇气去打破旧的格局，敢于创新，并勇于面对自己，改变自己。

正如狄更斯所言："不论我们多么盲目和怀有多深的偏见，只要我们有勇气选择，我们就有彻底改变自己的力量。"拥有一颗宽广的心，能够接受他人的批评，有一个开放的思维，能够接受新的事物。

对创业者自身来说，开放是指心胸的宽广、心态的开放，即意味着"不故步自封，不保守固执，不排斥信息"；对创业团队而言，开放是指组织氛围的自由，即组织成员能自由地表达自己的意见，能公平地看待他人的想法，并能及时地接受组织内外的信息。这不仅有利于组织的创新，而且有利于组织的可持续发展。自我超越就是指突破自我、实现自我。彼得·圣吉在《第五项修炼——学习型组织的艺术与实践》中提到："自我超越是一项修炼，包含两个方面：不断理清什么是最重要的；不断学习如何更清楚地看清目前的真实情况。"无论是个人还是组织或团队，只有不断地超越自我，才能最大限度地发挥自我的潜能。

### （六）构建团队的能力

团队的力量是无穷的，通过团队可以实现"管理创造奇迹"的结果。一个人是很难创业成功的，只有通过组建一支强大的创业团队或组织才可能实现成功的创业。一个企业需要"主内"管理、"主外"公关，耐心"总管"、宏观"领袖"。创业者不仅要具备识别人才、选择人才和使用人才的能力，做到人事相宜、人岗匹配，而且要拥有有效沟通的技能，及时、合理地激励员工，并且"理论联系实际"，将管理的理论知识运用于实际的管理工作中，提高管理的效率和效果。另外，前文也强调了创业者自身的影响力对组建创业团队的重要性，这里就不再论述了。

# 第三节　企业家精神

如果问人生最重要的才能是什么，那么回答是：第一无所畏惧；第二无所畏惧；第三无所畏惧。

——培根

# 一、企业家

企业家是企业家精神的载体。但是，什么是企业家呢？对于企业家这一定义，不同领域的研究者有不同的理解。一般情况下，有如下几种不同的认识：

## （一）重商主义者理查德·坎特伦的观点

"任何种类的自我雇佣的人，只要一个人不是受雇于他人或为工资而工作，他就是一个企业家。""企业家阶层与雇佣人员阶层的关键区别在于企业家生活在不确定的状况下，他们今天以确定的价格购买商品和劳务，但未来的销售价格却是不确定的。""在自我雇佣和承担风险这一点上，企业家与乞丐和强盗有某些相似的地方。"

## （二）重农主义者魁奈的观点

"企业家不仅是风险承担者，还必须能够经济性地使商品和服务适当地结合以获取最大的利润。""企业家承担风险，组织和监督生产，引进新方法、新产品和寻找新市场。"

## （三）古典经济学家萨伊的观点

"与其说是严格意义上的食利性质的资本家、土地所有者和劳动者，毋宁说是企业家在指挥生产和财富的分配。""企业家的力量对财富的分配，有着最显著的作用。""企业家是整个体系的枢纽，人们需要的并不是直接的劳动、土地和资本，而是这三种要素提供的效用，而正是企业家把它们结合起来以满足人们的需要。"

萨伊认为成功的企业家应具有以下特征：

（1）具有筹措、创办资本的能力，这些资本主要不是他本人所有。

（2）判断能力、毅力、生意技能和社会知识。

（3）很强的预见性。即能够比较准确地预测产品的重要性、供给和需求数，以及生产的方法手段。

（4）监督和行政管理能力。

（5）数字计算能力和核算成本价格的能力。

**（四）现代企业家理论之父——约瑟夫·熊彼特的观点**

"企业家作为社会经济的创新者，不同于投机家和发明家。企业家所从事的，不是囤积任何种类的商品，不是创造前所未有的生产方法，而是以不同的方式运用现有的生产方法；以更恰当、更有利的方式运用现有的生产方法。他们实现了新的生产要素的结合。"

"企业家所面临的挑战是寻求和采用新的观念去撞击经济活动，使之摆脱重复不变的循环。""在我看来，企业家就是发起人。如果一个人将他的作用严格限制在新的生产要素结合方式的实现上，他就是一个纯粹的企业家。""企业家是创造性的破坏者，是创新者，一旦他们功成名就，他们也就不再是企业家了。"这种说法得到广泛的认同。

熊彼特认为有可能发起创业活动的五种生产要素的结合方式：新产品和服务、新市场、新的生产方法、新的供给来源、新的组织形式。

**（五）管理学家霍伍德·斯蒂文森的观点**

"企业家精神是一种管理方式，追求机会而不顾手中现有的资源。"

在现实生活中，谈到企业家，大多数人都会想到香港富豪李嘉诚、阿里巴巴的马云。但是企业家并不等同于"有钱人"，也不等同于"办企业的人"，企业家是指可以把整个企业的资源整合起来，通过创新给顾客提供一种新的满意的产品或服务，从而实现企业目标的经营者。

# 二、企业家精神

企业家精神的意义是率先负起承担风险的责任，是一种综合素质，有时也专指企业家的创业行为。企业家精神并非与生俱来，主要是在创业与成长过程中形成的，至少是被强化的。

埃森哲是全球知名的管理咨询公司，它曾经对二十多个国家和地区的企业家进行了交流或访谈。在访问的这些企业家中超过 70% 的都认为，企业家精神是企业获得成功的重要因素之一。另外，世界最大的科技顾问公司 Accenture 对全球的高层管理者进行了调查和研究，发现在大多数高层的眼中，企业家精神是组织可持续发展的重要原因。为什么日本在"二战"的重创后经济能够得到腾飞，而有的国家却停步不前甚至是倒退呢？为什么美国存在的历史短但是却能够发展如此迅速，成为世界强国呢？答案就是：企业家精神。之前总是在谈企业家精神的重要性，但是什么才是真正的企业家精神呢？

**（一）坚持梦想**

每个人都有梦想，但大多数人最后都将梦想化为梦境，只有少数人能真正圆梦。成功的企业家往往拥有永不放弃的追梦精神。荀子在《劝学篇》写道："不积跬步，无以至千里"，轻言放弃的人获得成功的概率比较小，想要成为企业家的机会则更小。特别在如今竞争激烈的市场经济下，要想获得成功，就必须不断地坚持奋斗，时刻保持改革创新的精神。在企业发生危机时，谁都可以退缩，唯独企业家不能遇难而退，他必须坚持不懈地朝着梦想的方向前进，脚踏实地地解决问题，转危为安，带给员工们最大的勇气和信心。

在 20 世纪末，诺基亚开始进入通信行业，随着时间的流逝，诺基亚也在不断地发展。可是天有不测风云，在诺基亚正处于生长期时，经济危机无情地袭击了芬兰，当然诺基亚也未能逃脱危机的重创，公司的股票价格急剧下降，几乎降到原有股价 50%左右。虽然公司经受了暴风雨的袭击，但是却没有因为暴风雨的到来而退缩，相反，诺基亚在这个关键时刻决定将该公司的其他产业全部变卖，集中资金和力量发展移动通信业务。就是在这种面对危机毫不动摇，遭遇风险毫不退缩的执著精神下，诺基亚成功了。

**（二）热爱事业**

对事业的热爱是企业家奋斗的动力。一些企业家在创业初期是为了养家糊口，为了维持基本的生活和生存条件，这个阶段可能大多数人都能凭着一腔热血捞一桶金，但到了成长和成熟阶段，有的企业开始衰退，有的企业业绩平平，有的却如日中天，越来越有活力，一个重要原因就是企业家对事业的热爱。对事业的热爱主要表现为：一是"先天下之忧而忧"，即对企业的生存与发展而担忧；

二是"企业兴亡，匹夫有责"，即对事业和社会的强烈的责任感和使命感；三是"爱拼才会赢"，即不断地拼搏和奋斗的精神，并且永不放弃。财富上的富有不是企业家标志，追求自身的愿望、忠诚于事业、持之以恒才是企业家的形象。

### （三）创新

创新是企业家精神的灵魂和核心。在前面谈到了不同学者从不同角度对企业家进行了理解和定义，其中熊彼特着重强调了创新与企业家之间的关系，他认为"企业家是创造性的破坏者，是创新者，一旦他们功成名就，他们也就不再是企业家了。"这体现了企业家精神的本质特征。在竞争如此激烈的今天，倘若一个企业尤其是高科技企业，失去了创新也就意味着这个企业离"死亡"不远了。企业要想长远地生存下来，那么就离不开创新。虽然"天生我材必有用"，不否认创新与先天性的因素也相关，但是创新更多地需要企业家的艰苦奋斗。所以，具有创新精神的企业家更像是一名充满激情的艺术家。

### （四）合作

艾伯特·赫希曼曾说，企业家在重大决策中实行集体行为而非个人行为。所以，合作精神是企业家创业过程中不可或缺的。企业家就像一支乐队中的指挥员，所有的演奏家都必须听从指挥棒的挥舞。音乐演奏得好不好，不仅与乐队成员的整体素质有关，更多的是与指挥家的水平和能力相关。任何人的能力都是有限的，企业家也是如此。所以，企业家要干出一番成就，并非要求企业家是万能的，而是必须具有聚合所有组织成员的意识能力，类似于蜘蛛的结网能力。这样企业家就可以通过合作将组织成员凝结在一起，实现组织的目标或任务。

### （五）终身学习

俗话说，"活到老，学到老"，学习是一个终身的过程，人的一生都在不断地学习，不断地进步。在企业中，企业家也需要持续学习，并通过动员所有成员一起学习，互相促进、互相提高。日本的企业都十分重视自身的学习，不仅及时地吸收新的知识和理论，而且根据自身的特点积极地将这些理论应用于实践，这也是为什么在"二战"后日本经济能马上复苏并迅速发展的原因之一。同样，美国能如此强大、科技如此发达，也离不开学习。

## （六）冒险

有人说，倘若一名企业家缺乏"敢闯"的精神和"敢当"的魄力，那么他就不能称为真正的企业家。这是有一定道理的，冒险几乎是所有企业家的天性。是否愿意承担风险充分体现了企业家的责任心，一个没有责任心的企业家，对企业来说是弊大于利的。企业创新只有两种结果——成与败，不是成功就是失败，企业家没有其他的选择。古人云："不入虎穴，焉得虎子。"要想获得高收益，那么就意味着要承担高风险。但是冒险并不等同于企业家精神，很多冒险不是为了创新，而只是为了弄虚作假，如在财务报表上做手脚，为了个人私利而损害他人利益等。这种"冒险"并不是真正意义的冒险，这只是一种投机，真正意义上的"冒险"是指为了开拓新市场、研发新产品、引进新技术等创新性行为而引发风险。

**【拓展阅读】**

### 王石：冒险就是财富

王石被人称为中国的"房地产教父"，他的成功离不开他的冒险精神。1983年，王石到深圳卖玉米，当他踏上征途的时候刚好有篇报道说香港从鸡饲料里发现了致癌物质，霎时人心惶惶，没有饲料厂敢买玉米。投资了40万元在玉米上的王石心急如焚，但他想，玉米怎么会有致癌物质呢，难道香港人永远不吃鸡了？他越想越觉得报道是错的，于是一不做，二不休，既然做了就要做到底。第二天王石就去大连、天津、青岛订购了7000吨玉米。所有人都说王石疯了，王石也知道他的行为很冒险，如果风波没有过去，那他真的就赔大了！过了两天新闻出来了，说之前的报道有误，鸡饲料里并没有致癌物质。王石心中的一块大石头落下了，靠这批玉米足足挣了300多万元。

资料来源：耿俊丽. 第一桶金：改变命运的68个创业传奇 [M]. 北京：中国纺织出版社，2009.

## （七）诚信

诚信是企业家积累人脉最基本的要求。在所有的领导或经营原则中，诚信排首位，它不能为了优先某一原则而被滞后，更不能为了其他的原则而被放弃。市场经济是法治经济，更是信用经济和诚信经济。在商品经济中，拥有了诚信，不仅可以避免出现不道德的行为，而且大大降低了交易成本，提高了效率，更是增加了社会福利；相反，则会提高道德风险，增加交易成本，降低了效率，当然无法达到帕累托最优。

《塔木德》中这样告诫人们：一个人死后进入天国前，上帝会先问：你生前做买卖时是否诚实无欺？如果欺诈，将被打入地狱。尽管古今中外皆有"童叟无欺"的说法，但在这方面做得比较好的是犹太人。这样一个弱小的民族，在两千年的流浪中，不但没有被其他民族同化或湮灭，并且还能不断从他们的腰包中大把大把地掏钱，其中一个重要原因在于他们诚信经营的道德操守。

### 三、企业家的成长环境

人的能力和个性既受先天的遗传基因的影响，又受后天的环境影响，而一个人的能力和个性在很大程度上决定了一个人能否获得成功。所以，企业家在进行改革或创业时都不能忽视环境的影响作用。企业家所处的环境可以分为内环境和外环境，内环境主要是指组织环境，外环境主要包括宏观环境、地区环境和行业环境。

#### （一）宏观环境

宏观环境是指政治法律环境（Political）、经济环境（Economical）、社会文化环境（Social）和技术环境（Technical），它直接影响着企业的发展方向以及企业的战略决策。如1994~1997年，中国经济出现过热的现象，于是采取了货币政策和财政政策"双紧"的措施。在财政方面，通过增加增值税和消费税、发放国债等来减少国民的消费；在货币政策方面，主要是通过大幅度提高存贷款利率来减少企业等的贷款、增加国民存款来冷却经济。其中存贷款利率的变动，对一个企业来说，其影响是很大的，甚至可能导致一个企业的破产。所以，企业必须及时地预测和了解国家的政策变动，迅速适应经济的发展和技术的变化，这样才能在市场上拥有竞争优势，不被淘汰。

### （二）地区环境

地区环境是指企业所在地区的区域政策、经济、社会和人文环境等。不同的地区"气候"对企业的成长和发展的影响是十分重要的，如地区的经济发展状况、地区所处的地理位置、地区的习俗等，直接与企业的成败相关。当然，企业也可以为该地区的发展做出贡献，如可以解决该地区的就业问题，纳税可以增加该地区的财政收入等。所以，企业家应该对地区的环境有一个深入的了解，不仅仅是了解该地区的顾客需求，明确该地区政府的态度，还要掌握该地区存在的不足或不利因素以及如何防止这种不利因素，这样才能做到心中有数。

### （三）行业环境

行业环境是指对同一个行业内的企业都能产生影响的环境因素的集合，它决定了企业的定位和发展。在进行行业环境分析时，可以从一些主要的特征因素进行整体性考虑，如行业规模、竞争范围、竞争结构、所处生命周期、行业盈利水平、进入/退出壁垒、规模经济、技术和产品革新速度等。但最主要的是抓住行业的竞争结构和行业的发展前景。通常情况下，波特的五力模型常用于行业竞争结构的分析，包括潜在进入者的威胁、行业中现有企业间的竞争、替代品生产者的威胁、供应者讨价还价能力、购买者讨价还价能力五个方面。而一个行业的发展前景不仅与该行业所处的生命周期与发展阶段有关，而且与行业本身的特点也直接相关。所以，企业在本行业中获得竞争优势、取得成功，就不能忽视对本行业的分析。

## 【案例1-2】

### 善于学习，持之以恒——山姆·华顿

沃尔玛是全球最大的零售商之一，曾连续三年在美国《财富》杂志全球500强企业中居首。谁能想到，规模如此庞大的企业，曾经只是一家小小的杂货店。

山姆·华顿就是这家杂货店的创始人，在此之前他加盟了一家叫"班·富兰克林"的商店，就是在这里，他学到了营销的经验，知道了如何以最低的价格进货，再以最低的价格卖给顾客，并懂得了如何扩大经营。仅三年，山姆的商店销

售额就提高了 60%。

加盟契约结束之后，山姆就开了"山姆·华顿五分一角店"，凭着他的勤劳、谨慎的品德和不断学习、超越自我的精神，店面渐渐扩张，五分一角店成了第一家在小镇开设的大规模的独立杂货连锁店。当时在新因梅兰等地区有一些商店开始实行折扣销售，他就去那里取经。张伯伦·马丁·崔西（折扣零售的发明者）告诉他："只要尽量降低营运费用，商品就能以低价卖给顾客。"山姆预见到折扣零售的模式在未来将逐渐盛行，还跑去芝加哥向 K-Mart 商店学习经验。后来，山姆还发现了一种新型的模式——批发俱乐部，可以使商品以更高的价格出售，并且周转率快。于是他借鉴了这种模式，陆陆续续地开设了他的批发俱乐部。

多年以来，山姆一直在向别人的成功经验学习，从中寻求一种最有效的方法，使顾客能买到性价比最高的商品。1984 年，法国人开了第一个大型超市，山姆被这种模式吸引了，于是他与他的团队设计了没有隔墙的购物中心，这就是后来沃尔玛大型超市的雏形。为了建立这种超级购物中心，山姆必须买地、促使政府开路、开拓业务、寻找合作伙伴，这个过程非常艰难。再加上山姆的资金不足，他们最后又折回去经营原来的杂货店。但皇天不负有心人，山姆因为在当地开了一家"班·富兰克林"商店，与杰奎琳·史蒂芬建立了友谊。他在后来帮助山姆渡过了资金周转的危机。

沃尔玛今天的成功，主要得益于山姆贯彻的几个理念：一是极端节省，这是他在开五分一角店的时候就养成的习惯；二是顾客满意至上，在沃尔玛，如果顾客退换一双就要脱底的鞋子，店员不仅要高高兴兴换上一双新的，还得奉上一双袜子用以补偿顾客的损失；三是不断创新与成长，山姆在接受采访的时候说："听取建议、乐于变革是我们的标志……零售业发展日新月异，不断创新使我们发展至今天的规模，我们一直很灵活，每天都进行必要的调整……"

山姆·华顿的创业之路，是一步一个脚印走出来的，他的成就是在不断的学习和不懈的坚持中取得的。沃尔玛不仅传承传统经营理念与模式，也在不断引领、革新旧经济价值观。

资料来源：赵伊川.创业管理 [M].北京：中国商务出版社，2004.

# 第四节　本书的内容结构

为了使本书内容的逻辑结构更加清晰，特给出本书的内容结构（见图1-5）。

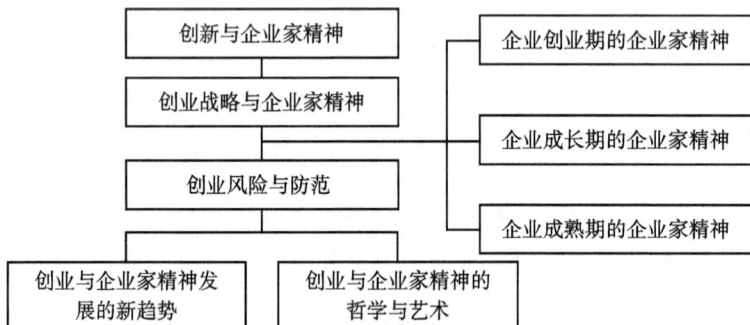

**图 1-5　本书的内容结构**

## 本章小结

创业是富有企业家精神的创业者发现和捕获商机并创造价值的活动，其本质是一个识别、开发、利用和实现机会价值的过程。创业的核心要素包括创业者、商业机会、组织、资源。创业的过程本身就是一个创新的过程，创业者实质上就是创新者。根据企业创办的渠道，可将创业者分为独立创业者、母体脱离创业者和企业内创业者三种。创业者一般都是与众不同的，他们具有以下能力特征：领导协调的能力、与人沟通的能力、洞察能力、影响能力、学习能力、构建团队的能力等。企业家精神的本来意义是率先负起承担风险的责任，是一种综合素质，有时也专指企业家的创业行为。

本章主要是对本书的内容做一个概述，并介绍一些基础知识，为以后的学习做铺垫。

# 第二章 创 新

## 鲁班发明锯的故事

鲁班被任命建一座大宫殿，这项工程需要很多木材，于是鲁班让徒弟们上山去砍树。当时没有锯子这个东西，大家是用斧头砍的，非常吃力。徒弟们每天要早早地上山，累了一天也没砍下来多少树木。鲁班有点等不及了，就亲自上山去。山上有很多野草野花，走进草丛的时候鲁班的手不小心被划了一下，出血了。鲁班开始思考，这么小的叶子竟然有这么大的杀伤力？于是他摘下那片叶子看个究竟，发现叶子的两边是整齐的锯齿形，密密麻麻，用手一摸，果然很锋利，这速度一快，确实能伤人皮肤。这时，鲁班还看到一只蝗虫在野草上面吃叶子，三两下叶子就被咬碎了。他观察到蝗虫的牙齿跟叶子的形状如出一辙，也是锯齿状的，难怪吃起东西来这么利索。

这两件小事启发了鲁班，他想，锯齿状的叶子和蝗虫牙齿都这么锋利，如果有一种工具也是这种形状，会不会割起东西来也会很快呢？想到这里，鲁班找了一截大毛竹，把竹片的两边都割成像叶子一般的锯齿状，拿上山一试，三下五除二，树干就被划出一半了，而且人也不用费那么大劲砍，只要对着树干来回拉扯就可以了。于是鲁班下山让铁匠按照做好的竹片形状做出一批铁片来，就成了我们现在用的锯。锯使鲁班的工作效率得到大大的提升，没过几天他就带着徒弟们下山开工了。

很多人都曾被野草划破过，但都没有去想为什么，而鲁班却能从小小的事件中深受启发，发明了伟大的工具。因为大多数人碰到事情总觉得理所当然，只是一件生活小事，不值得大惊小怪，而鲁班有着强烈的好奇心和另辟蹊径的思维，所以他会观察生活中的一些微小事件，不断问为什么，并探索原理，最终找到解决问题的方法和思路，甚至获得某些创造性发明。这告诉我们一个道理，留意生活中许多不起眼的小事，勤于思考，同样也能创新。

资料来源：http://www.gxsti.net.cn/gxsat/kjyy/kpcl/kjmr/20514.shtml.

【案例启示】熊彼特曾说过："企业家精神的真谛就是创新，创新是一种管理职能。"彼得·杜拉克认为："创新 + 企业家精神 = 再创生机。"作为一个成功企业家的能力，重要的不仅仅是在抓细节上，更重要的是在抓企业自主创新上，即具有超前的悟性、敢冒风险和创新的胆略。

---

**本章您将了解到：**

- 创新的含义及内容
- 三种解读创新机会的理论
- 创新的四种方法
- 培养创新性思维的步骤

---

# 第一节　创新概述

只有那些能够创造出一些新的、与众不同的并能创造价值的活动才是创业。世界目前的经济已由"管理型经济"转变为"创业型经济"，企业唯有重视创新与企业家精神，才能再创企业生机。

——彼得·德鲁克

## 一、创新的内涵

熊彼特认为，企业的创新简单来说就是创建一个全新的生产函数，把一种从来没有人用过的生产要素或从来没有的生产条件互相结合，引入到企业的生产体系。他所说的"创新"，包括以下五种情况：引进新产品、引进新技术、开辟新市场、控制原材料的新供应来源、实现企业的新组织。

彼得·德鲁克认为，创新是指有系统地抛弃昨天，有系统地寻找创新机会，在市场薄弱的地方寻找机会，在新知识萌芽时期寻找机会，在市场的需求和短缺中寻找机会。[①] 创新是一种赋予现有的资源以新的创造财富能力的行为。

我们对于创新这一定义的理解一般有狭义和广义之分。狭义的创新是指一个从新思想的生成到产品的设计、试制、生产、营销和市场化的一系列的行动。广义的创新表现为不同参与者和机构之间交互作用的网络，在这个网络中，任何一个节点都可能成为创新行为实现的特定空间。

## 二、创新的类别

从不同的角度，创新可以分为不同的类型（见表2-1）：

**表 2-1　创新的分类**

| 创新分类依据 | 创新类型 |
| --- | --- |
| 环境对创新的影响 | 市场防御型创新<br>市场攻击型创新 |
| 创新对系统原有格局的影响 | 系统要素创新<br>系统整体创新 |
| 创新在系统生命周期所处阶段 | 系统初建期的创新<br>系统运行中的创新 |
| 创新的组织形式 | 自发创新<br>有组织的创新 |

---

① 彼得·德鲁克. 创新与企业家精神 [M]. 北京：清华大学出版社，2007.

**（一）从环境对创新的影响看，可分为市场防御型创新和市场攻击型创新**

市场防御型创新是指由于市场竞争环境的变化将要或者已经对系统造成损失，为了避免威胁或威胁的扩大深入，系统被动地在内部展开的局部或全局性的调整；市场攻击型创新是一种主动地调整系统的发展战略和技术形态，以积极的态势开发和利用市场新机会，达到促进系统发展的变革，这种创新需要系统具备积极的预测未来环境可能给系统带来某种市场机会的能力。

**（二）从创新本身的规模和创新对系统原有格局的影响程度看，可分为系统要素创新和系统整体创新**

系统要素创新是指对系统运作的局部内容、某些要素的性质或者要素之间的组合模式，系统服务社会的形式或方式等出现变动，这种变动不会改变系统原有性质和发展目标。同理，系统整体创新影响系统原有目标和使命的变革，涉及系统性质的变化。

**（三）从创新活动在系统生命周期所处阶段看，可分为系统初建期的创新和系统运行中的创新**

系统创建本身就是一种创新，系统创建者基于当时的环境和资源，构建一个全新的系统结构，并设计出一套系统要素组合方式使系统达到正常运转，从而实现其目标。但是在当前知识爆炸的时代，社会环境瞬息万变，必然要求系统积极主动应对变化，不断地推陈出新，因此创新活动更大量地存在于系统组建后的运转中。系统的管理者若能在系统的运作过程中发现其他人所察觉不到的或者被人忽略的细微的变化或机会，及时调整系统的结构使之与这些变化相适应，在这个基础上进行创新，就能使系统得到更好的升级和更大规模的扩展。

**（四）从创新的组织形式看，可分为自发创新与有组织的创新**

自发创新是系统要素主动应对环境变化的一种创新活动，任何社会经济组织都是开放的系统，该系统是社会大环境的一部分，环境的任何变化都会对系统的存在和存在方式产生一定影响，要求组织对其目标、工作方式等做出相应的调整。与自发创新相对应的是组织的创新，组织创新一般存在以下两种情况：一是系统的管理者作为创新活动的发起者，主动寻找机会创新，并组织创新活动；二是系统的管理者作为创新活动的引导者，主动地引导创新。有组织的创新是一种朝着预期目标前进的创新，其结果是比较明确的。

由于自发创新结果具有不确定性，所以企业家的创新活动应该是有组织、有计划的，而不能抱着碰运气的心态，企图天上掉馅饼。创新本身意味着打破旧的秩序，打破原来的平衡，因此创新活动往往带有风险；再加上今天的市场经济是高速发展的，企业面临着错综复杂的环境变化，随时都有可能对组织的创新活动造成打击。创新活动的计划对企业家分析环境和行业局势有重要作用，是引导创业团队进行创新的方向盘，即使计划实施失败，亦能起到总结经验、分析原因、促进完善的作用。

## 三、创新的过程

创新有无规律可循？很多人往往陷入这样一个误区，认为创新是随机突发的，什么时候会发生什么样的契机，什么样的契机会牵引出什么样的创新，这些都是杂乱无章、不可捉摸的。其实，凡事万物都有一定的规律性，创新也不例外。为什么创新会给人漂浮不定的印象呢？主要原因是创新是对旧事物的否定，对旧规律、旧制度、旧教化的抵抗，创新往往表现为全新的变革，并且这种变革会带来人们意想不到的或从未预料到的结果。虽然创新的结果看起来不可捉摸，但创业者在创业的过程中还是可以通过自身的总结和思考，找到创造新事物的思维和方法。创新一般包括如下过程（见图 2-1）：

### （一）寻找机会

寻找创新的机会主要应从创新机会的来源着手，下一节将着重对创新机会的来源进行阐述。

### （二）提出构想

当敏锐地观察到了创新的机会后，企业家应对这种机会进行仔细而认真的分析，采用头脑风暴、德尔菲、座谈会等方法充分利用机会或者将威胁转化为机会，从而使系统在环境变化中实现升级并正常运转的创新构想。

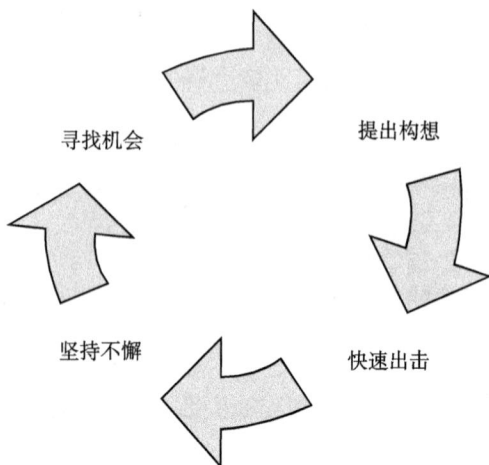

**图 2-1 创新的过程**

资料来源：杜跃平.创业管理 [M].西安：西安交通大学出版社，2006.

### （三）快速出击

成功的创新都是系统或者个人在快速的行动中完成，没有快速行动，创新的火花会熄灭。一味追求完美，太过保守，就可能错失良机，把创新的机会白白地送人。

### （四）坚持不懈

有人说，偏执狂才是最后的赢家，同样的，坚持不懈的精神对企业家能否取得成功有举足轻重的作用。顺水而行是每个人都能做到的，唯有在逆境中表现出顽强的意志力和对胜利的渴望，才是对人最有效的考验。没有人可以在安逸的环境中做出惊人之举，只有经历过磨炼，培养出坚韧不拔的意志和永不向失败低头的精神，才能苦尽甘来。如何减少失败带来的阴影和影响呢？成功的企业家往往会提前采取必要的预防或纠正措施；另外是调整好心态，不把一次"战役"的失利看成整个"战争"的失败，认识到创新的成功是建立在多次失败的基础上。爱迪生曾经说过："我的成功乃是从一路失败中取得的。"创新的成功很可能就在你"山重水复疑无路"的时候，带你走进"柳暗花明又一村"。

# 第二节　创新内容

在关系国民经济命脉和国家安全的关键领域，真正的核心技术和关键技术只能依靠我们自己，只能依靠自主创新。

**——胡锦涛**

创新是企业生命的"红细胞"，它不断地为企业提供新鲜的"血液"，使其生命得到延续。创新是企业家不可或缺的职能，创新精神是企业家精神中最重要的精神之一。身为企业家，必须清晰地知道哪些是创新的基本内容，在创新的时候应该做到哪几个方面的创新。

## 一、技术创新

技术有广义与狭义之分。广义的技术主要包括三个方面：①根据自然科学原理和生产实践经验而发展成的各种工艺、加工方法、劳动技能和诀窍等；②生产工具和其他物资设备；③适应现代劳动分工和生产规模等要求的对生产系统中所有资源进行有效组织和管理的知识、经验与方法。狭义的技术主要是指以上前两个方面。这里的技术创新主要是针对狭义的技术而言的。综合多个地方对技术创新的定义，我们这里将技术创新的概念归结为：企业家为了获得商业利益，从空白市场或潜在市场中捕捉机会，将新的生产或加工工艺或技术运用到生产的过程中，或者提供新的产品的全过程。①

企业经营过程中出现的大量创新活动是有关技术方面的，因此技术创新可以

---

① 侯先荣，吴奕湖. 企业创新管理：理论与实践（第1版）[M]. 北京：电子工业出版社，2003.

说是企业创新的主要内容，也有人甚至把技术创新等同为企业创新。一个企业的技术水平高低直接体现了该企业的经营实力的大小，因而持续的技术创新有利于企业的发展和壮大。不过，技术创新并非越先进、越完美对企业就越好，而是要用消费者最需要的技术，这也是能为你创造最大价值的技术。企业的技术创新主要表现在产品创新、要素创新与要素组合方法的创新两个方面。

### （一）产品创新

产品是企业的"果实"，是企业赖以生存的"法宝"。产品创新包括许多内容，其中物质产品的创新是技术创新的重要内容，物质产品创新主要包括产品品种和产品结构的创新。产品品种创新是指为了满足顾客的需求而创造出来的新的产品或产品组合；产品结构的创新是指在原有产品上对其质量、性能等进行完善，这种完善也就是一种创新。不论是产品品种的创新还是产品结构的创新都有利于提高企业的竞争力。

### （二）产品要素创新与要素组合创新

技术要素的创新主要指对提升产品竞争力的材料和设备两方面进行创新。要素组合创新是对降低产品成本或者提高产品质量的生产工艺和生产过程的时空组织两个方面进行变革。

产品是企业生存和发展的基础，因此产品创新是企业技术创新的核心内容。产品的种类和结构往往受制于技术创新成果的发挥，同时产品的竞争力又受企业生产产品所需要的机器设备和新的工艺方法等技术创新其他方面的影响。

## 【案例2-1】

## 海尔技术创新

海尔文化的核心是创新，它强调以观念创新为先导、以市场创新为目标，这是伴随着海尔做大做强的重要因素之一。海尔尤其注重技术创新和服务质量，就拿等离子推出的事件来看海尔是如何做的。

2003年，各大知名厂商推出了等离子，许多媒体都纷纷播出各个厂商投放的广告。海尔在这场没有硝烟的战争中，采取的是只做不说、先做再说的战术。

如何做呢？最主要是创新技术。据调查，海尔每年投入的科研经费达 6.6%，比国内家电评价科研投入高出 3 个百分点，达到国际标准。在等离子的研发上，海尔也是苦下工夫，从 1998 年始就引进日本专家共同筹备这项技术。经过多年的调研、出国考察和学习先进技术，海尔的等离子、液晶生产线和设施配备都达到了国际领先水平。所以，当海尔的"亮屏"系列液晶、等离子刚投放市场就被抢购一空，也是不足为怪的。

其次，海尔还非常注重服务质量。海尔在 2005 年上市的等离子、液晶电视有几种不同设计，海尔的服务人员会亲自到消费者家中了解家具结构，结合消费者家的装修尺寸，与顾客一同设计挑选方案后，并负责安装、调试，可以说是"一条龙"服务。

独特的市场理念、周到的服务方式让海尔等离子避开了盲目投入，在这场激烈的竞争中遥遥领先。

资料来源：熊钟琪. 中国企业创新案例 ［M］. 长沙：国防科技大学出版社，2005.

## 二、制度创新

制度是保障社会经济系统有序运作的基础，制度创新是对系统各成员要素之间正式关系的调整和变革，是不断优化系统运作机制的动力。企业制度是指企业内各种正式和非正式的规则的集合，旨在约束企业及其构成人员追求效用最大化的行为。制度是建立机制的前提条件。一个完美的机制，能使企业如"丽江水车"一样自行运作，真正达到一种"无为而治"的境界。

企业制度创新是指通过改变原有的旧制度，塑造适应生产力发展的市场经济体制和现代化大生产要求的现代企业制度。企业制度创新的方向是不断调整和优化企业所有者、经营者、劳动者三者之间的关系，使各个方面的权力和利益得到充分的体现，使组织的各种成员的作用得到充分的发挥。

现代企业的运作主要受产权制度、经营制度和管理制度的规制。产权制度是决定其他制度执行功效的根本，只有产权清晰，才能明确企业最重要要素的所有者对企业的权利、责任和利益。经营制度是在产权制度的基础上，对经营权的归属及其行使条件、范围、限制等方面的原则规定。管理制度是基于产权制度和经营制度规定企业如何行使经营权、组织企业日常经营的各种具体规则的总称。

产权制度、经营制度、管理制度这三者之间的关系是相辅相成的，共同构成了企业有效运作不可缺少的运作制度。一般而言，一定的产权制度决定着相应的经营制度，经营制度的有效性必然会影响管理制度。也就是说，有什么样的产权制度就要求有什么样的经营制度与之相适应，有什么样的经营制度就要求有什么样的管理制度与之相呼应。

到目前为止，中国已经基本完成了国有企业、集体企业的产权改革，明确了企业产权和经营权。为了进一步应对日益激烈的市场竞争，中国也在企业管理制度方面不断地探索创新，特别是对企业的分配制度的探索取得了可喜的成就。分配制度涉及员工的绩效考核和薪酬分配，分配制度的创新在于不断地追求和实现报酬与贡献的更高层次上的平衡，以达到对员工能起到很好的激励作用的目的。

## 三、管理创新

管理创新是指管理者根据企业内外环境的变化，对资源和管理要素进行有效的整合，从而提高管理效率和企业效益的活动过程。管理创新是通过对企业人力、物力、财力和技术等各种生产要素以及生产、市场等各项职能在量和质上作出新的变化或组合，以创造出一种新的更有效的资源整合范式。

一般而言，管理创新主要包括管理观念创新、管理方法创新和管理模式创新三方面的内容。

### (一) 管理观念创新

管理观念创新是指为了更好地适应环境的变化而产生的新的概念或新的构思的过程，无论在创业初期、成长期还是成熟期，观念的变革对于企业的成长都是非常必要的，那种固定死板、墨守成规的观念对企业家认识环境、适应新环境和利用机会只能起到阻碍作用。纵观成功企业的创业史，不难发现，多半创业者都是通过发现市场空隙而找到商机，他们能在激烈的市场竞争中巧妙地转换思维方式，想到对手没有想到的，考虑消费者潜在的需求，甚至可以改变消费者原有的消费习惯，从而领先于竞争对手。

**（二）管理方法创新**

管理方法创新是指企业在生产经营过程中引入一种新的方法或新的工具的过程。管理方法的创新主要目的是盘活企业现有的管理资源，为企业增添新的活力，为企业的进步提供更大的驱动力。如引进信息管理系统，可以将企业的日常运作放在计算机智能平台上，方便企业内部的查询、咨询、交流等工作，提高企业的办公效率。

**（三）管理模式创新**

管理模式创新是指企业针对管理的某一个或某几个职能方面的模式所做的综合性创新。一般来讲，企业可以在生产运作方式、人力资源管理模块、融资渠道、财务管理、销售渠道等运营环节上加以改进，以提高公司的运作效率。沃尔玛的"大家庭"式团队管理、惠普的时刻保持学习的经营方针，都是创新的管理模式。

# 四、组织形式创新

企业组织形式是企业运行制度的载体，企业的组织架构是由企业制度决定的。因此，企业制度创新必然引起组织形式的变革和发展。

根据企业组织理论，企业是按照企业运行制度设置不同的岗位，并配置一定的人员担负此岗位的职责的架构。按照组织职责划分关系，这个架构可以从组织机构和组织结构两个方面来分析。所谓组织机构，是指企业在构建组织架构时，根据企业制度的要求，对企业的管理职责进行横向分工，将那些目标相同的岗位或者职责归并在一起，形成组织横向的管理单元；组织结构是表明组织各部分排列顺序、空间位置、聚散状态、联系方式以及各要素之间相互关系的一种模式，是整个管理系统的"框架"。

组织的机构决定了组织的结构。不同的机构要求不同的组织结构与之相适应；即使是相同的组织机构，其结构也有可能不同。另外，组织机构与结构之间的关系也因企业的特点及企业所处的生命周期阶段不同而存在差异。每一个企业的组织形式都有所不同，即使是同一个企业处在不同的阶段，其组织形式也有所差异。组织创新主要是为了适应环境的变化或企业自身的经营方向的转变，从而更有效地配置和利用组织的资源，提高效率。

## 五、商业模式创新

### （一）商业模式的内涵

商业模式创新是一种新的创新形态，并且引起了人们广泛的重视。商业模式，是指企业价值创造的基本逻辑，即企业在一定的价值链或价值网络中如何向客户提供产品和服务并获取利润的方法和模式，简单来说，就是企业如何赚钱。

商业模式涵盖了企业从资源获取、生产组织、产品营销、售后服务到研究开发、合作伙伴、客户关系、收入方式等活动。

商业模式直接影响到创业的成败，尤其在现在市场体制相对成熟、产业多元化、竞争激烈的大环境下，越来越多的创业者在创业之前都会慎重考虑商业模式的选择和计划。有管理学家说，当下的竞争，就是商业模式的竞争。商业模式的创新对于企业家是最为关键的创新，马云创造了全新的电子商务模式、用友软件创造了令客户依赖产品的消费模式，宝洁、沃尔玛整合了供应链，这些都是企业家在探索消费者潜在需求、克服现有难题、力争高效的过程中创造的商业模式。好的商业模式，能使企业顺利地踏上生产运营的轨道。目前比较流行的商业模式包括电子商务模式、B2B 模式、B2C 模式、佣金模式、社区模式等。

### （二）商业模式的组成要素

商业模式由四个密切相关的要素构成：客户价值主张、盈利模式、关键资源和关键流程（见图 2-2）。其中，客户价值主张是指你能为客户带来什么不能替代的价值；盈利模式是指你如何从为客户创造价值的过程中获得利润；关键资源是指企业内部如何汇集资源来为客户提供价值；关键流程则是指企业内部制度和文化如何实现其客户价值。客户价值主张和盈利模式分别明确了客户价值和公司价值，关键资源和关键流程则描述了如何实现客户价值和公司价值。

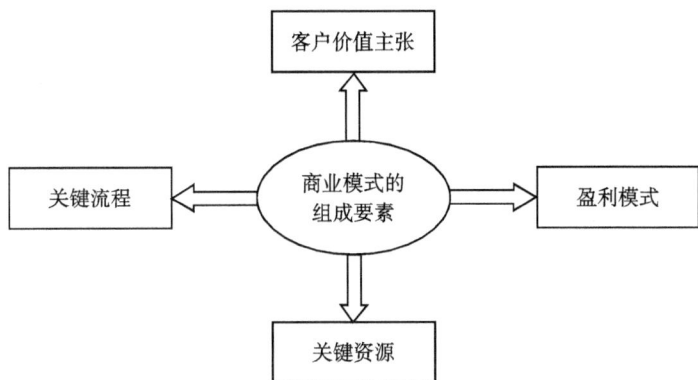

**图2-2 商业模式的组成要素**

**1. 商业模式选择的内容**

（1）企业的经营业态与方式，即提供产品还是服务。

（2）企业的服务对象，即客户（可以是目标群体，也可以是大众群体）。

（3）企业的内在价值，即企业可以为客户提供的价值，这也是客户进行消费的原因。

（4）企业的衔接网络，即连接企业与客户的方式，这也是企业与客户进行联系、交流以及获取客户信息的桥梁。

（5）企业的收入来源，即企业获取经营收入及利润的方式。

从以上这几个方面入手，寻找适合自身企业发展的商业模式。该商业模式必须凸显出该企业不同于其他企业的独特性，而这种独特性表现在它怎样为自己的企业赢得顾客、吸引投资者和创造利润。任何一次成功都是不可复制的，在寻找商业模式时，不可盲目照搬，而应根据自身的情况进行调整和改变。

**2. 商业模式选择的特点**

一个成功的、有效的商业模式，通常具备如下特点：

（1）能提供独特价值。这种独特价值可以是一种新的思想或方式，更多表现为一种或多种产品和服务独特性的组合。商业模式的创新是为了使企业得到更多的盈利点或更高的盈利率。另外，受消费者欢迎的商业模式往往都是因为它能给消费者带来更便利的消费方式、性价比更高的产品。如果整合资源，达到"1＋1＞2"的效果，是企业家确定商业模式的首要问题。

（2）难以模仿。这是指商业模式从组织结构、资源、创新手段或盈利渠道等环节上具有独特的优势，其他竞争者在一段时期内难以得到相同的资源或能力。为什么说"海底捞"你学不会，一个重要的原因就是它有一个难以模仿的商业模式，能带给顾客在别的地方享受不到的快乐，能带给员工在其他企业都感受不到的组织文化，这就是企业的成功之处。

商业模式创新是指企业价值创造基本逻辑的变化，即把新的商业模式引入社会的生产体系，并为客户和自身创造价值，通俗地说，商业模式创新就是指企业以新的有效方式赚钱。

## 六、环境创新

企业环境包括两种，即组织内部环境和外部环境。组织的内部环境包括组织文化、组织的性质、组织群体发展的状况等；组织的外部环境包括政治、经济、文化、地理等外在环境。

外部环境为企业的发展提供资源和市场需求，同时也制约着企业的经营。在如今变化多端的环境下，企业家如果只是被动地去适应环境的变化，则很容易迷失自我，所以企业家应主动出击，试着通过创新去改变环境甚至创造良好的环境，从而引导环境朝有利于企业经营的方向变化。如通过企业的技术创新，制定行业的技术标准。

就企业来说，市场需求的挖掘是企业发展的动力，而市场创新是营造市场需求环境的主要内容。所谓市场创新主要是指通过企业的供给活动去引导和刺激消费，创造需求。成功的企业经营不仅要满足消费者已经意识到的市场需求，而且要去开发消费者自己可能还没有意识到的需求。实际上，在企业经营的过程中，市场创新最主要的内容是通过企业的营销创新来进行的，即在已有技术优势的基础上，通过挖掘产品新性能、开拓市场、广告宣传等方式来吸引顾客，从而提高销售量。

## 【案例 2-2】

### 市场创新的应用

服装市场对企业市场细分有很高的要求。近年来，我国服装业越来越趋向成熟，所有市场几乎都被涵盖了。男女老少，各式的服装遍布市场，几乎没有空隙。在这种情况下，跻身于这个行业，若不认真考虑细分问题，很容易导致战略上的错误，从而一步错步步错。"白领"是一个市场细分方面做得比较好的企业，通过市场创新，企业取得了骄人的业绩，在业内外都受到很多人的关注。

"白领"是一个主品牌，下分"白领"（White Collar）、"Shee's"、"K.uu"和"金领"（Golden Collar）等若干个子品牌。"白领"定位于35~45岁，有知识、有地位的女性，它的服装大都是简约风格，耐看而不张扬。这是一种非常清晰的定位，首先明确了年龄层是"35~45"岁，其次是在这个基础上明确了职业是白领，并且在社会上有一定的地位，可能是通过收入、才华或名誉，最后还有个性和价值观的范围选择，即适合内敛的、主流的女性。

"白领"对目标市场选择把握得很准确。要实现这种精准的定位，必须找到区别于其他竞争对手的忠诚顾客，所以就要添加顾客分类的变量，也就是要找到其他竞争者未发现或未考虑到的新变量，这就是市场的创新。"白领"通过创新的市场划分，找到了独特的细分市场，是企业成功的关键因素。

资料来源：李颖生，鲁培康.营销大变革：开创中国战略营销新范式［M］.北京：清华大学出版社，2009.

# 第三节　创新机会和方法

每个计划应该像雪花一样与众不同。

——约瑟夫·罗彻索

## 一、创新机会的来源

### （一）彼得·德鲁克的观点

彼得·德鲁克认为，创新机会可以来源于如下几个方面：意想不到的事情、不协调的现象、流程改造的需要、产业与市场结构的变化、人口变动、观念转变等。

#### 1. 意想不到的事情

创新的机会很多来源于意想不到的事情。意想不到的事情包括三种：意外的成功、意外的失败、意外的外在事件。"成功是给有准备的人的"，意外的创新并非意外，因为任何一个创新机会的出现都是在一定基础上产生的。只有不断地思考和学习，才能抓住转瞬即逝的创新机会。

一般而言，企业内部或行业内的意外成功和失败能够很容易地引起我们的注意，而发生在企业之外的事件则可能被忽视。发生在企业外部的意外事件有时候预示着环境正在发生的变化或者行业的发展趋势，因而外部事件对企业来说也是十分重要的。但是要想及时发现并成功地运用这种外在的机会或威胁，有一个前提条件，即该机会和威胁与自己本行业的本质是相吻合的。

#### 2. 不协调的现象

要深入理解"不协调"，就必须先知道"协调"的定义。熊德平教授认为，从语义上来说，"协调"中的"协"和"调"同义，都具有和谐、统筹、均衡等富有理想色彩的哲学含义。"协调"可以理解为事物间的关系达到和谐、平衡、互相匹配的状态，"不协调"就是事物间的关系与这种和谐的状态不一致。不协调的现象是创新机会的主要来源之一，其主要原因是存在不协调的现象就意味着原有的秩序、程序或关系需要打破，而对原有现象的打破就是一种创新。

事物的发展具有两面性，这些不协调对系统的发展可能有利（具有正效应），也可能会造成某种不利影响（具有负效应）。不协调现象对系统可能造成的正负效应激发人们的创新思维，鼓舞人们打破现有的制度或秩序，开创新的秩序，使系统的运作更加完整顺利。

### 3. 流程改造的需要

流程是指完成某项工作或生产某项产品需要的程序或过程。在工作过程中或多或少地会出现一些"欠缺的环节"或"薄弱环节"，对这些环节的完善和改进也是创新的一部分。过程需要的成功创新有五个基本的要素：一个独立的过程或程序；一个薄弱或欠缺的环节；一个清晰、明确的目标；一个可行的解决方案；员工对流程改造达成共识。并且应该注意以下几个方面：

（1）对流程十分了解，从而清楚流程的不足或需要改进的地方。

（2）虽然对某些流程十分熟悉，但是没有可行的改进方案或者缺乏解决问题的相应知识。

（3）实施的改进方案必须是与员工的做事方式或习惯相适应的，并且在原先方案与改进方案之间，员工愿意选择改进方案。简单地说，就是让员工自己选择，而非强制施行，这样效果会更好。

### 4. 产业与市场结构的变化

产业结构是指产业的构成及各产业之间的联系和比例关系。市场结构可以是指一个行业内部买方和卖方的数量及其规模分布、产品差别的程度和新企业进入该行业的难易程度的综合状态，也可以说是某一市场中各种要素之间的内在联系及特征，包括市场供给者之间（包括替代品）、需求者之间、供给和需求者之间以及市场上现有的供给者、需求者与正在进入该市场的供给者、需求者之间的关系。

从短期看，产业与市场的结构看似是稳定不变的；但从长期看，产业与市场结构是不断变化的。换句话说，产业与市场结构的变化是"从量变到质变"的一个过程。当濒临临界点时，产业与市场结构则是相当脆弱的，一旦受到任何微小的冲击，就可能导致整个产业结构或市场结构的转变。当产业与市场结构发生变化时，企业的管理方式等也需要随着转变，而这种转变也是一种创新的机会。

### 5. 人口变动

人口变化主要是指人口、人口规模、年龄结构、人口组合、就业情况、教育情况以及收入的变化。人口的变化直接影响着购买力、劳动力、经济的发展等方面。虽然人口的变化相比其他变化是比较明显的，但是却很容易被决策者忽视，从而丧失商机。人口变动引起的变革也会带来创新的机会。

### 6. 观念转变

在不同观念的指导下，人们对同一件事物或同一件事情是有差异的。人们观念的转变通常是由时代的变迁、技术的进步和文化的冲击等大环境的改变引起的，这种改变有可能隐藏着创新的机会。如人们衣着的款式和风格有一个流行周期，因为消费者的品位、观念在逐渐改变，所以当下的服装流行趋势达到一个极点就会更新换代，商人就可以从中判断即将盛行的款式，赶在高峰期之前推出新颖的款式。

**【拓展阅读】**

### 彩绘冰棒棍无本万利

北京南锣鼓巷是一条充满新时代文艺气息的小街，里面很多店铺展示着年轻人独特的创意。其中有一家小店吸引了很多顾客，原来这家店的店主收集了很多废弃的冰棒棍，洗过晾干后在上面画各种图案，并改造成可爱的手机链、小挂件和装饰品。这些工艺品售价从15元到80元不等，虽然价格不菲，但还是有很多"粉丝"慕名而来，"慷慨解囊"。这些冰棒棍上面的图案确实充满了创意，有北京特色食物的，有风景的，还有人物的，做得很是精致。如有一个"同班同学"系列的，上面画了各种各样的男孩女孩，很容易触动人们的"同学情结"。

资料来源：http://www.u88.cn/chuangyegushi/22213.htm.

### （二）熊彼特的观点

熊彼特认为，创新就是打破市场现有均衡的创造性毁灭，并将创新分为：新产品；新的生产或组织方法；新市场；投入的新来源；新市场结构（见图2-3）。

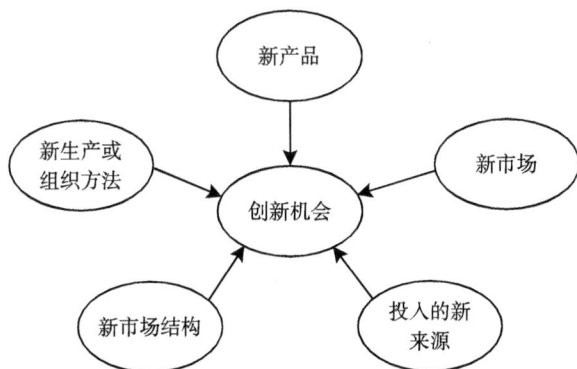

图2-3 创新机会

### （三）蒂蒙斯的观点

蒂蒙斯认为，创新机会主要来自于改变、混乱或是不连续的状况，主要有七个来源：

（1）法规的改变。

（2）科技技术的进步。

（3）价值链或销售渠道的重组。

（4）技术的创新。

（5）现有管理或投资者的不良管理或没落。

（6）具有创业精神的领导。

（7）市场领导者受限于客户需求，忽视下一波客户需要。

### （四）Olm 等的观点

Olm 等三位学者认为创新机会来源于以下几个方面：

（1）先前的工作经验，曾经获取的产品的市场知识、供货商与客户。

（2）从有创意的其他人那里得到的机会。

（3）得到某一权利、授权或是特许权，购得一个未完整发展的产品。

（4）与熟知某一社会、专业或科技领域的专家接触所引发。

（5）参加展览会、研讨会、贸易展示、座谈会等所得。

（6）研究资料所得，如最近研究报告、搜寻最新的公告专利、与特殊领域专家面谈等。

（7）搜寻研究先前市场失败的案例，在不同情境下可能成功。

（8）复制别人的成功经验，应用于不同的市场。

（9）把嗜好、兴趣、业余喜好变成事业机会。

（10）在个人的经验基础上，发展出事业化的需求。

（11）根据个人的需求，进行研究发展。

## 二、创新的方法

一般而言，创新的方法包括如下几种：组合创新法、模仿创新法、联想创新法、逆向思维创新法等。

### （一）组合创新法

组合创新法是指将两种或两种以上的技术、理论、产品或服务进行简单的叠加，就可以形成新的技术、新的理论、新的产品或服务。当然，组合之后所获得的新技术、新的理论、新的产品或服务要比组合之前的功能更强、性能更好。如将风扇与空调的功能相结合，就创造出市场上热卖的空调扇，价格比空调低，制冷功能优于风扇，刚好满足中间层消费者的需求。

### （二）模仿创新法

模仿创新法是指在解剖他人样机的情况下，掌握他人设计、工艺、创造原理，吸取成功经验和失败教训，购买或破译领先者的核心技术和技术秘密，进而在这一基础上加以技术创新，以改进产品性能或结构、提高产品质量、降低产品成本，以确立竞争优势，获得经济效益的一种行为。

模仿创新的方法一般包括产品创意或技术的模仿；产品功能、外形或材料上的改造更新；渠道、营销方式的效仿；类似的服务、类似的产品或服务但不同的价格；等等。

### （三）联想创新法

创造发明并非对现实的简单模仿，而是基于现实但又高于现实的再造。因此，联想在基于现实与高于现实之间起着一个桥梁的作用。联想到另一事物的心理过程，其价值在于将无关紧要的事物联系起来，形成新的观点、概念或设想。但是，人的联想不是凭空产生的，需要有丰富的知识与经验作为基础。

一般而言，联想的方法包括类比联想法、功能变异联想法等。如本章开篇案例中鲁班发明的锯，就是类比叶子的锯齿状联想到将该种形状用于工具的设计中，会使工具更加锋利。

### （四）逆向思维创新法

逆向思维创新法是指从常规考虑解决问题的反面来探求寻找解决问题的思路。由于这种逆向思维所产生的创新法常常是与传统的习惯或思维相违背的，因此很多情况下，这种创新产品得不到大多数人的支持或重视，甚至对之持怀疑或否定的态度。

一般而言，逆向思维创新法包括结构性反转、功能性反转、角度变换、角度性变向、缺点逆用等。结构性反转是指从已有事物的相反结构形式去思考，设想新的技术创造；功能性反转就是从已有事物的相反功能去思考，设想新的技术创造或寻求解决问题的新途径；角度变换是指当某种技术目标或技术研究按常规思路从一个方向屡攻不下时，可以变换角度，或从另一个方向甚至相反方向来思考；缺点逆用是指巧妙地利用原有或固有的缺点，化短为长，化弊为利，获得创新。

### 三、创新的思维逻辑

菲利普·科特勒在《水平营销》一书中提到，创造性思维遵循三个简单的步骤：选择一个焦点；进行横向置换以产生刺激；建立一种联结。其中，焦点是指一个待解决的问题、一个要达成的目标或者一个简单的物体。横向置换是指对逻辑思维顺序的一种中断。

如把"花"作为一个焦点，对"花会凋谢"进行横向置换，就会变成"花永不凋谢"。那么在"花"和"永不凋谢"之间如何建立起一种随意联结呢？这个问题就是对创造力的启发。为了让"花"能够"永不凋谢"，可以用一种物体做成花的样子，这样就不会枯萎，所以就有了用布或塑料做的假花。"假花"就是"花"与"永不凋谢"之间的联结点。

在这里，创新是指联结两种大体上没有任何明显或直接关系的想法后的产物。

## 【案例2-3】

### 迈克尔·戴尔：何不多放几个钩子

迈克尔·戴尔小的时候跟着爸爸去钓鱼，爸爸钓了很多，小戴尔坐了半天也没有一条鱼上钩。他想，既然一只鱼竿能钓一条鱼，我把鱼线连成一片网，每个交织的地方放上鱼饵，不也一样可以吸引小鱼过来，而且还可以一下子就钓上来很多呢。于是小戴尔开始蹲在那里织他的渔网，爸爸劝他不要白费力气了，没有人这么钓过。小戴尔相信这样是可以的，到午饭的时候，他就把渔网放进水里，等着下午回来看。没想到下午回去的时候，戴尔把渔网一拉，真的有好多条鱼一起上钩了，最后他钓的鱼比爸爸的还要多。

"多放几个钩子"，是戴尔后来在做生意的时候常常用到的一句话。戴尔18岁的时候就想做比IBM更大的企业，并跟父母打赌，如果他生意成功了，他就休学，继续做企业，如果做不到，就听父母的话把大学念完。父母答应了戴尔的请求，于是戴尔以自己的名字注册了电脑公司，开始做个人电脑的业务。才一开始，戴尔的销售量就迅猛增长，仅两个月销售额就达到 26.5 万美元，这让戴尔的父母着实吃了一惊，最后他们终于同意让儿子继续做他想做的事情。

戴尔的业务做得那么好，正是因为他在与顾客的交流中聪明地"多放了几个钩子"，比如，对于上门的顾客，戴尔除了询问正常需要了解的信息以外，还会多问顾客平时用电脑的习惯，以后可能对电脑的需求，还有告诉他保养电脑需要的一些产品，这样，从卖一台普通的台式电脑，扩展到卖配件、卖周边产品，还结交了很多朋友，戴尔的销路越来越广。

今天，戴尔不但打败了 IBM，还成为世界上真正的电脑业巨子。回想起自己创下的业绩，戴尔还是说起当年那句话："多放一个钩子，就能够多钓上一条鱼，我怎么能不多放几个钓钩呢？"

资料来源：http://www.ndcnc.gov.cn/datalib/Opus/2009/2009_11/opus.2009-08-13.4850462146.

## 本章小结

创新有狭义和广义之分。狭义的创新是指一个从新思想的生成到产品的设计、试制、生产、营销和市场化的一系列的行动；广义的创新表现为不同参与者和机构之间交互作用的网络，在这个网络中，任何一个节点都可能成为创新行为实现的特定空间。创新一般包括如下过程：寻找机会、提出构想、快速出击、坚持不懈。创新包括技术创新、制度创新、管理创新、组织形式创新、商业模式创新、环境创新六个方面的内容。创新机会的六个来源：意想不到的事情、不协调的现象、流程需要、产业与市场结构的变化、人口变动、观念转变。

创新是创业的第一步，一个好的点子是创业成功的关键。但是，有了创新的方向之后，那企业家接下来该怎么做呢？

# 第三章　创业战略

## 亚细亚的陨落

亚细亚是郑州的一家大型百货商场，1989年正式营业，当时聘请了空军退役干部王遂舟出任总经理。王遂舟上任时信心满满，为商场的形象设计做了一套完备的方案，给亚细亚戴上了一副崭新的美丽面具。

第一天开业的时候，顾客们深深感受到购物的喜悦，因为亚细亚在精心的设计下，为顾客展示出了舒适的购物环境。商场到处是鲜花绿草，中央还设置了琴台，每隔半个小时就有乐手为大家演奏美妙的音乐。此外，亚细亚的服务理念和经营模式在当时也是很先进的，商场把"微笑服务"、"事故服务"、"顾客至上"等理念当做最基本的经营原则，王遂舟还引入了"商场CI形象策划"，通过一系列的形象策略吸引顾客，让亚细亚取得了瞩目的成就。

然而王遂舟的战略过于夸大表面的作用，商场的运营操作、进货出货、人员调动等方面的管理却没跟上，使得亚细亚的弊端不久之后就暴露了出来。一方面，王遂舟忽视了企业的内部管理，没有制定完善的规章制度，也缺乏约束机制，高管换了一个又一个；另一方面，王遂舟对商场的战略规划的定位也是错误的，光是商场的装修就花了一大笔钱，很多事务的花费都超过了预算范围。王遂舟还盲目地扩张企业，郑州店还在起步当中，就开了许多分店，到1995年商场不仅在河南许多城市有，还开在了北京、天津、上海等十几个省市，甚至俄罗斯和澳大利亚也有一些城市开了分店。

毫不考虑财务状况,盲目扩张,战线被拉得越来越长,迫使高管对商店的实际运作只能流于表面,没能真正深入去了解和保持紧密的控制。到 2000 年,亚细亚的销售额跌至郑州倒数第二,宣布面向全国重新招商。

资料来源:张黎明编著.创业战略管理 [M].北京:清华大学出版社,2006.

**【案例启示】**亚细亚的发展历程反映了中国大部分企业的模式,这部分企业大部分在创业后只是昙花一现,却不能持续发展,究其原因是缺少全局系统的规划,在创业初期没有对创业战略进行深入思考。

---

**本章您将了解到:**

- 创业战略管理的过程
- 创业战略管理的影响因素
- 三种战略分析工具

---

# 第一节 创业战略概述

孙子曰:"昔之善战者,先为不可胜,以待敌之可胜。……故善战者,立于不败之地,而不失敌之败也。是故胜兵先胜而后求战,败兵先战而后求胜。"

——《孙子兵法·形篇》

## 一、创业战略

在激烈的市场竞争中,企业家主要的精力不是在寻求企业暂时的生存上,而是更多地关注企业未来的发展。因此,企业家基于目前的竞争态势,综合权衡企业的内部和外部的资源优势和劣势，勾画出企业未来发展的理念就是创业战略。企业家根据这个理念来调度自身实力，调度、运用和整合各种资源使创业的企业快速成长起来，这个过程的本质就是：在清晰地认识企业外部环境和内在资源实力的基础上，寻找企业和环境的最佳组合方式，这一方式决定了创业企业的生存和发展。

## 二、战略管理的过程

战略管理的过程包含六个步骤，即环境分析、战略选择分析工具的应用、确定公司使命与战略目标、战略方案制定、战略实施和战略评估与控制。其中，前四个步骤主要是描述战略制定的过程。战略制定固然重要，但是再好的战略如果不能实施也只是空谈。另外，在实施战略的过程中，不可能完全按照计划进行，因此必须对战略实施进行评估与控制，及时地纠正偏差。换句话说，如果企业家不能恰当地实施和评估与控制的话，即使最佳的战略也可能失败。下面是战略管理的六个步骤（见图3-1）:①

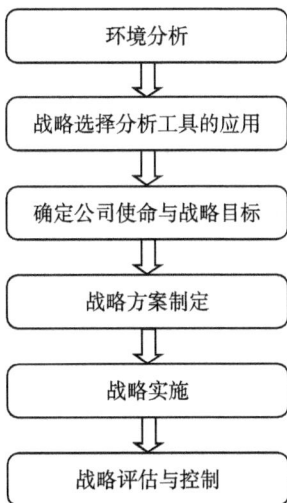

```
┌─────────────────────┐
│      环境分析         │
└─────────────────────┘
          ↓
┌─────────────────────┐
│  战略选择分析工具的应用  │
└─────────────────────┘
          ↓
┌─────────────────────┐
│  确定公司使命与战略目标   │
└─────────────────────┘
          ↓
┌─────────────────────┐
│     战略方案制定       │
└─────────────────────┘
          ↓
┌─────────────────────┐
│      战略实施         │
└─────────────────────┘
          ↓
┌─────────────────────┐
│    战略评估与控制      │
└─────────────────────┘
```

**图3-1 战略管理的过程**

① 小阿瑟·汤普森，约翰·甘布尔，斯特里克兰.战略管理：获取竞争优势 ［M］.北京：机械工业出版社，2006.

步骤 1：环境分析。

环境分析是制定战略的前提和基础。环境分析是战略过程的一个关键步骤，因为组织的环境在很大程度上决定了战略的选择范围，成功的战略是与环境相吻合的战略。在环境分析时，首先分析外部环境，即宏观环境和行业环境；然后再分析企业内部环境。

步骤 2：战略选择分析工具的应用。

战略选择分析工具有：SWOT 矩阵、战略地位与行动评价矩阵、BCG 矩阵、九方格矩阵、大战略矩阵、定量战略计划矩阵等。每一种分析工具都是从不同的角度对战略进行分析，都有其优点和不足。因而，在进行战略选择时，应根据其特点选择合适的方法和工具，这样可以提高决策的准确性。在实际工作中，往往是通过几种互补性的工具对战略进行分析，这样可以生成战略方案的集合，大大提高战略分析的全面性和准确性。

步骤 3：确定公司使命与战略目标。

任何一个企业都有其愿景和使命，战略目标就是基于愿景和使命而设计和制定的实施方案。只有确定了组织的使命和战略目标，管理者才能进一步清楚地确定企业的产品和服务的内容。对企业而言，确定组织的战略目标至关重要，目标是战略的基础，也是绩效考核的依据。

步骤 4：战略方案制定。

企业战略可以依次分为公司层战略、事业层战略和职能层战略，这三个层次的战略是相互联系、相互依赖的。只有明确了公司层战略，才能进一步确定事业层战略和职能层战略。简单来说，公司层战略统领着事业层战略和职能层战略；同时，公司层战略的实现也依赖于事业层和职能层战略的实施。另外，在进行战略方案的制定时，管理者和领导者应该选择与环境相适应或相匹配的战略，这样才能充分发挥组织内部的优势和利用环境中的机会。

步骤 5：战略实施。

战略实施是实现战略目标的关键所在。无论战略目标和计划如何完美，如果不能予以实施，那么也只是纸上谈兵，没有实际价值和意义。领导者是战略的制定者，也是战略的实施者，对战略目标的实现起着十分重要的作用。

步骤6：战略评估与控制。

战略评估是指对战略的有效性进行评估，并决定需要做出哪些必要的调整。战略控制是指在战略实施的过程中，检查组织活动的进展情况和计划的完成情况，并及时对偏离目标的行为进行纠正，保证预期目标的完成的管理过程。这一阶段的主要内容是：建立控制系统、监控绩效、评估偏差、控制及纠正偏差。无论是战略评估还是战略控制，都是一个动态的过程。

## 三、创业战略与企业家精神

企业家精神是企业家这个特殊群体在长期的生产经营管理活动中形成的，以企业家自身所特有的个人素质为基础，以创新精神为核心，包括敬业精神、合作精神以及发现机会、应对风险的能力等主要内容结合在一起的一种综合的精神品质。

从创业战略以及企业家精神的定义可知，创业战略的制定需要利用企业家精神发现商机的能力，所以在制定创业战略时，需要使用企业家具备的技能和发现机会的能力。企业家为了追求个人价值的实现，愿意承担各种风险，而且他们通常有着寻找创业机会的本能，而人们决定成为企业家时又往往是由于机缘巧合，盈利机会从企业家的远见中产生，企业家精神引发了变革，变革又为企业家精神创造了更多的机会。这样，企业家精神便成了一种传导机制，识别机遇的能力与企业家精神密切相关。因此，企业家的重要特征之一就是敏锐地洞察环境的变化，识别机会与威胁并利用机遇来创造价值。从信息不完全的角度出发，企业家精神就是以市场为中心的学习过程，企业家的作用在于发现对交易双方都有利的交易机会，并作为中间人参与交易，利用市场内在的获利机会，发挥推动市场进程的作用，所以企业家的活动就是创造性的发现过程。

创业者是推动社会经济发展的重要群体，伊斯雷尔·克兹涅尔认为，一个富有生命力的社会制度必须保证公民自由思考的权利和创业的自由。企业家作为对社会稀缺性资源进行配置整合的人，其决策的正确与否往往受到很多不确定因素的影响，这就需要企业家不断地提高自己的决策能力。

# 第二节　创业战略分析

凡有所立，必有所破；生克之道，自然之理。

——《易经》

战略分析是指通过分析企业的内部和外部环境，发现其优势和劣势、威胁和机会，并对企业的战略进行预测的过程。环境概念在商务领域一直是学者们关注的重点。一些学者认为，环境是一种任务环境。从广义上讲，环境是指一切与目标的设定和获取有潜在相关性的因素，环境的各个方面被认为是资源。从狭义上看，环境是指投入要素的来源、产品的市场、竞争者以及各种对企业具有调整作用的群体。也有学者认为，环境是指一种一般环境。这种观点主要强调在制度环境中，大类组合体系的重要性，这种组合体系包括社会的、人口统计学的、经济的、政治的和国际的等方面的因素。创业环境主要包括宏观环境、行业环境、企业内部环境三个方面。

## 一、宏观环境分析

宏观环境是指政治（P）、经济（E）、社会文化（S）、技术（T）、环境（E）、法律（L）等客观因素，其分析工具为 PESTEL 环境分析模型（见图 3-2）。

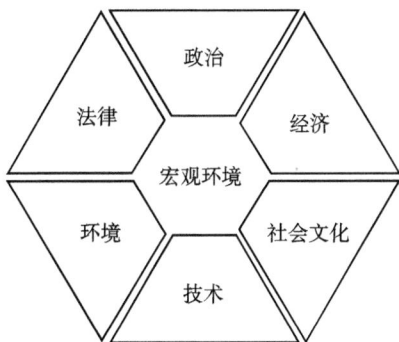

**图 3-2 环境分析模型①**

**（一）政治因素**

政治因素是指影响企业发展的政治因素，涉及国家的社会制度、政治形势、政府颁布的各项方针与政策、政治结构、政治团体以及世界其他国家的对内对外政策等。在分析政治因素的时候需要考虑以下几个问题：

（1）政治环境是否稳定？在大多数情况下，一个国家或地区稳定的政治环境是创业企业长期稳定发展的重要前提条件。

（2）有哪些外贸条例？

（3）当地的税收政策如何，对你的经营事业有多大影响？政府的税收政策会不可避免地影响到企业的财务结构和投资决策，而且投资者往往将其资金投向那些需求较高且税率较低的产业部门。

（4）有哪些社会福利政策？

（5）政府有没有加入类似欧盟、北美自由贸易区等贸易协议？一般而言，贸易协议有利于成员国之间的交易，而对非成员国的交易则不利。

政治环境主要是通过影响企业经营、消费者信心以及消费者与企业的开支来对创业企业的经营行为和经营利益产生作用。

**（二）经济因素**

经济因素是指构成企业生存和发展的社会经济状况即国家的经济政策，包括社会经济结构、经济发展水平、经济体制、区域经济发展水平和行业发展程度

---

① 卡彭特，桑德斯著，王迎军等译. 战略管理：动态观点［M］. 北京：机械工业出版社，2009.

等。在分析经济因素时，需要考虑以下几个问题：

（1）当前及预期利率能达到什么水平？

（2）GDP 的长期前景如何？国内生产总值（GDP）反映了一个国家经济整体发展状况。

（3）通货膨胀如何，未来预期怎样？这种预期对你的市场增长有什么影响？

（4）当地的就业率是多少，其变化情况如何？

（5）关键市场间的汇率情况如何，以及它将怎样影响你的生产和分销？

### （三）社会文化因素

社会文化因素主要指国家或地区的人口因素、文化传统、教育水平、宗教信仰等因素的综合反映。在分析社会文化因素时，需要考虑如下几个问题：

（1）当地的生活方式怎样，有怎样的趋势？

（2）当地的消费水平如何，消费特征是什么？

（3）现在的人口结构是什么样的及变化趋势如何？

（4）哪些未出台的法规会对企业的社会政策产生影响？

（5）当地的教育和收入水平及其分布情况如何？

（6）当地主流的宗教信仰是什么，对消费者的态度和选择有什么影响？

（7）人们对工作和休闲持什么态度？

### （四）技术因素

技术因素是指企业所处社会环境中的技术要素以及引起变革的技术发明。它包括整个国家及企业研发资源的投入、整体技术水平、技术的产业化程度、信息技术的发展以及新产品的开发、知识产权与专利保护、技术转移与技术换代的周期等。在分析技术因素时，需要考虑以下几个方面的问题：

（1）政府和产业中的研究基金资助水平如何，是否在发生变化？

（2）政府和产业在技术层面的兴趣是什么，以及对技术的关注程度如何？

（3）技术的成熟度如何？

（4）当地的知识产权问题处于什么样的状态？

（5）邻近产业中潜在的破坏性技术是否会悄悄侵入到这一产业？

### （五）环境因素

在分析环境因素时，需要考虑以下几个方面的问题：

（1）当地的环境问题都有哪些？

（2）当地是否有环保法规？

（3）关于废弃物处理和能源消耗有什么样的规定？

（4）将要出台的生态政策和环境议题会不会涉及你所在的产业？

（5）那些会创造压力的国际组织的活动将如何影响你的经营事业？

### （六）法律因素

法律因素则包括国家各级行政机关制定的各项法律、法规和条令等。由于政策环境和法律环境关联性强，通常进行合并分析。在分析法律因素时，需要考虑如下几个方面的问题：

（1）有关垄断和私有产权的条例有哪些？

（2）知识产权是否受到法律的保护？

（3）有无与消费者相关的法律法规？

（4）关于劳动关系、健康与安全以及生产安全的法律情况如何？

## 二、行业环境分析

行业环境主要是分析本行业的竞争格局以及本行业与其他行业之间的关系，其分析工具为波特五力模型（见图3-3）。波特认为，在每一个行业中都存在五种基本竞争力量，即潜在进入者的威胁、行业中现有企业间的竞争、替代品生产者的威胁、供应者讨价还价能力、购买者讨价还价能力。

### （一）潜在进入者

毫无疑问，任何一个高于平均利润水平的行业都会吸引着每一个企业，但遗憾的是，高利润的行业往往有着很大的进入障碍。构成产业进入障碍的主要因素包括以下几个：

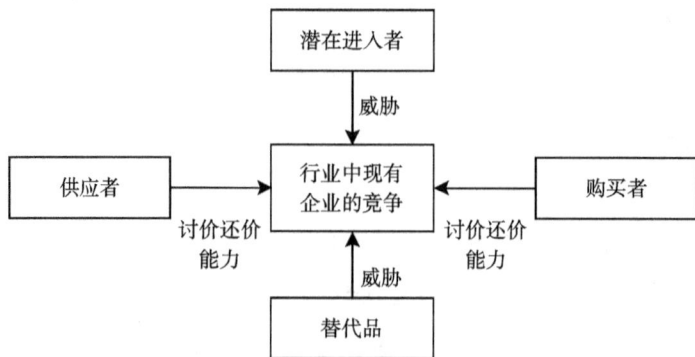

图 3-3　波特的五种竞争力量模型

### 1. 规模经济

规模经济是指单位产品的成本随着企业经营规模的增大而降低的产业特征。如果产业内的企业达到的规模经济越大，那么潜在进入者的进入障碍就会越大；相反，则会越小。

### 2. 差异化程度

差异化是指产品或服务所形成的对顾客需求的独特针对性。一般而言，差异化可以来源于高质量、高性能、高声誉、好的品牌形象等。成功的差异化能够给企业带来高于产业平均水平的产品价格。产业内的企业所拥有的差异化程度越高，潜在进入者的进入资金成本和时间成本就越大，因而进入的障碍就越大。

### 3. 转换成本

转换成本是指顾客为了更换产品的供应商而必须付出的额外费用。一个产业的转换成本越大，顾客的忠诚度就越高，相应的，潜在进入者的进入障碍就越大。

### 4. 技术障碍

技术障碍是指进入一个行业所需要的技术水平和要求。构成技术障碍的两个重要因素是专利技术和学习曲线。专利技术是指被处于有效期内的专利所保护的技术。学习曲线是指产品累计产量的增加，操作者通过融入自身的学习力，娴熟程度提高，制造产品的工时和成本会逐渐下降，形成一条递减趋势的函数曲线（见图 3-4）。

### 5. 对销售渠道的控制

一个产业中的企业对其销售渠道控制能力越强，潜在进入者的障碍就越大；

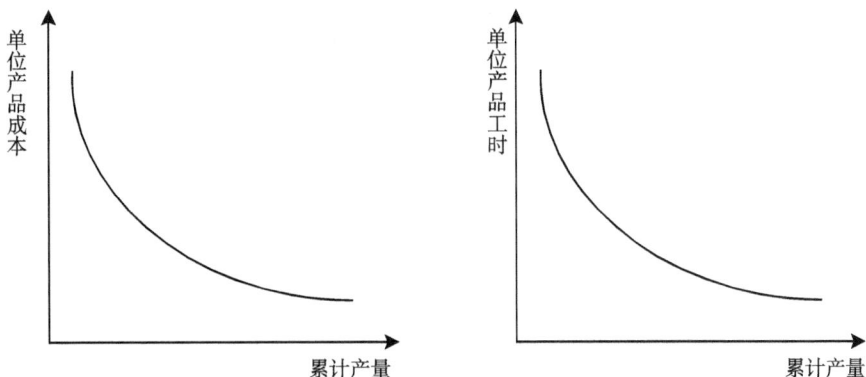

图3-4 学习曲线

相反，则越低。很显然，一种产品的批发或零售渠道越少，现有企业对它们控制越严，进入的难度就越大。

### 6. 政策与法律

国家通过制定某些政策或法律来限制新企业的进入。如关系到国家稳定和安全的行业，受到国家政策和法律的严格限制，其进入的障碍很高或者进入的机会几乎为零。

高进入障碍会通过限制产品的供应和减少对抗，来降低产业中潜在的竞争，致使拥有高进入障碍的产业在产品价格和平均收益水平上高于低进入障碍的产业。

### (二) 替代威胁

替代品是指满足统一市场需求、具有相同或相似功能但有不同性质的产品。决定替代威胁的程度有如下三个因素：

### 1. 相对价值价格比

相对价值价格比越大，替代的威胁越小。

### 2. 转换成本

转换成本越高，替代的威胁越小。

### 3. 顾客的替代欲望

顾客替代的欲望越高，替代的威胁越大。

在很多情况下，行业内的企业为了抵御替代品的威胁很可能采取联合一致的行动。但是，这种联合行动并非总能奏效，特别是在如今这个瞬息万变的环境下，如果替代品是一种新技术的产品，并符合社会需求，那么与其联合抵抗，还不如将其引进。

### （三）购买者的议价能力

任何一个购买者都希望以最低的价钱买到最好的产品。因此，购买者通常会在要求企业降低价格的同时，提高产品的质量或得到更多的服务，使企业之间的竞争越发激烈。一般而言，购买者的讨价还价能力取决于如下几个因素：

**1. 购买者的集中程度或购买量**

如果购买者相对集中或购买量很大，那么其讨价还价的能力就会很强；相反，则买方的议价能力就小。

**2. 购买的产品价值占购买者全部预算的比例**

如果购买的产品价值昂贵，占购买者全部预算的很大部分，那么购买者的讨价还价能力就会很强；相反，则买方的议价能力就会小。

**3. 本产业的集中程度**

如果本产业的集中程度不高或很分散，而且现有的企业很多，那么购买者的议价能力就会大。

**4. 产品的差异化程度**

如果本产业的产品差异性很小或已经标准化，那么可供买方选择的余地就很大，其议价能力就会很大；相反，则买方的议价能力就会小。

**5. 转换成本**

如果转换成本高，那么购买者就不得不选择某个或某些固定的销售企业购买产品，那么购买者的议价能力就会比较小；相反，购买者的议价能力就会很大。

**6. 买方的盈利能力**

如果买方的盈利能力低，购买者则对价格比较敏感，因而会千方百计地压低购买费用，因而其议价能力就会强；相反，则买方的议价能力就会小。

**7. 购买者后向一体化的可能性**

如果购买者采用后向一体化，则会威胁到作为供应商的企业，购买者的议价能力就大；相反，则买方的议价能力就会小。

**【拓展阅读】**

### 后向一体化

后向一体化是企业的一项重要策略，它指企业凭借自身产品上的优势，通过兼并、收购的形式，将原材料、零部件等的供应商纳入企业的生产战略，控制供应链。采取这种战略可以保证企业的物资供给来源，统一整体规划。

8. 买方掌握的信息多少

如果购买方对市场需求、市场价格、产品的制造成本等十分了解，那么其议价能力就会大；相反，则买方的议价能力就会小。

（四）供应者的议价能力

供应者通过提高供应价格或降低供应产品的品质或服务的质量来获取更多的利润，从而发挥其讨价还价的能力。一般而言，供应者的议价能力主要受到如下几个因素的影响：

1. 供应者的集中程度

如果供应者的集中程度高，即由少数几家大企业控制，那么其议价能力就会大；反之，其议价能力就会小。

2. 供应者的产品可替代程度

如果供应者提供的产品几乎没有可替代的产品，那么购买者不得不依赖供应者，即供应者的议价能力就大；相反，其议价能力就会小。

3. 购买者与供应者关系的紧密性

如果作为购买者的企业不是供应者的重要客户，那么供应者的议价能力就会大；相反，供应者的议价能力就会小。

4. 前向一体化的程度

供应商前向一体化，将对购买者构成很大的威胁，因而其议价能力就会大；相反，供应者的议价能力就会小。

**【拓展阅读】**

### 前向一体化

前向一体化是指制造商向产品的流通渠道推进，拥有和控制销售系统。一般通过兼并、收购分销商和零售商，实现供销一体化，将合并的企业组成经济联合体。

企业实施一体化，目的是凭借资金、技术和规模优势，实现规模经济，提高流通效率和降低谈判成本。

### （五）现有企业之间的竞争

现有企业之间的竞争，主要源于一个或多个竞争者感到竞争的压力，或看到了改善其处境的机会。根据波特的观点，现有企业之间的竞争强度主要与以下几个因素相关：

#### 1. 竞争者的数量

当一个产业内竞争者多，并且大多都势均力敌，那么该产业内的竞争就会很激烈，这种激烈的竞争往往会导致产业出现不稳定的现象。

#### 2. 产业的增长速度

当行业的发展比较缓慢，企业为了寻求新的市场份额，此时行业内的竞争要比迅速增长时要激烈得多。

#### 3. 产品的差异性

如果一个行业中产品或服务差异性很大，消费者主要是根据自己的偏好来选择产品或服务，此时企业之间的竞争较为缓和；相反，则企业之间的竞争会很激烈。

#### 4. 行业的退出障碍高低

如果一个行业的退出障碍很高，那么那些经营不好的企业不能退出，只能继续经营。最后，会使整个行业的企业都一直保持较低的获利水平。

## 三、企业内部环境分析

### （一）企业的资源分析

企业的资源分析是指公司为找出具有未来竞争优势的资源，对所拥有的资源进行识别和评价的过程。企业的资源按照形态划分，可以分为无形资源、有形资源两种。无形资源是指商标、声誉、专利、技术、土地权、知识产权等没有实物形态的资源；有形资源是指厂房、机器设备等具有实物形态的资源。企业获取资源的能力直接关系着企业战略的制定和实施。

### （二）企业的能力分析

企业的能力分析是指对企业的关键性能力进行识别以及对关键性能力在竞争表现上的分析。企业能力包括生产能力、营销能力、科研与开发能力、公司财务状况、管理水平、规模与成本优势等。企业各种能力之间在相当程度上可以互相转化。其中能够为企业建立持久竞争优势的能力称为企业核心能力。

### （三）企业内部环境分析模型——VRINE 模型

VRINE 代表的是 Value（价值）、Rareness（稀缺性）、Inimitability（不可模仿性）、Non-substitutable（不可替代性）、Exploitability（可利用性）（见图 3-5）。VRINE 模型分析能够帮助领导者系统检验特定资源和能力的重要性以及获取新资源和能力的需求。VRINE 模型的应用具体分析如下：[①]

1. 价值

企业家面临的问题是：企业拥有的或潜在资源或能力对于企业在市场上的竞争有价值吗，这种价值是否能让企业与竞争对手比起来有更多的优势？

2. 稀缺性

假设企业的某种资源或能力满足第一个条件，那它是否属于稀缺资源，这种资源会不会很容易被竞争者同时得到？如对于高科技企业来说，获得某项高技术

---

① 卡彭特，桑德斯著，王迎军等译.战略管理：动态观点 [M].北京：机械工业出版社，2009.

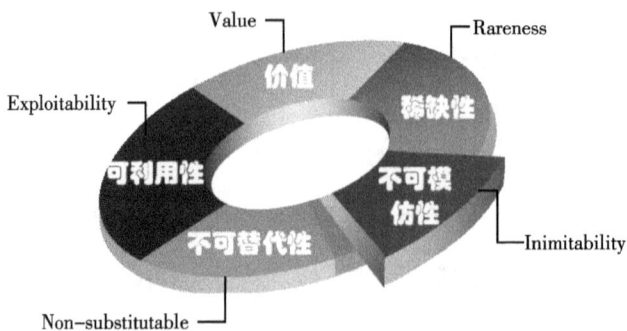

图 3-5　VRINE 模型

含量的专利就是它的优势了，而对于公共关系特别重要的企业来说，与合作伙伴的稳定关系就是它的稀缺资源。一般来说，有价值并且是稀缺的资源能够创造竞争优势，但这种竞争优势可能只是暂时的。

### 3. 不可模仿和不可替代

假设这种资源既有价值又具有稀缺性，但竞争者能不能通过某种途径将该种资源和能力进行模仿，或者用相同功能的物品将它替代？如果模仿或替代的难度越高，竞争者要超越的难度就越高，企业的竞争优势就越发明显。这种持续的竞争优势能够在相当长的时期内给企业带来超额利益。

### 4. 可利用性

企业家面临的问题是：如果某种资源或能力具有满足一个或数个 VRINE 的标准，那么企业能够对此加以利用吗？如果符合上述条件的资源或能力不能被利用，竞争对手就多了一个机会，这对企业来说是不利的。一旦这种资源可以被利用，企业就能获得竞争优势。

企业家是具备经营管理企业所需要的各种能力和素质，以创新为根本手段对企业的主产经营活动进行协调，从而实现企业与社会整体利益以及自身利益最大化的有效结合的企业经营者。在创业环境分析方面，应发挥企业家的发现机会的能力，承担风险的能力和创新精神。也就是说，创业环境存在复杂性、异质性和集中性，这就要求我们在对创业环境进行分析时要运用所掌握的经济管理知识以及丰富的企业管理经验去发现环境中存在的机会和威胁，并且要具备变革创新和承担风险的能力，勇于探索新产品和新技术，提高资源配置的效率，为社会和人类创造出最大的价值，这样才能获取企业的成功。

# 第三节 创业战略选择

无论一个人读过多少本书，或者制订了怎样精美的一项商业计划，除非他犯过错并学会如何改正自己避免将来继续犯错，否则一切都是无用的。

——高登·雷丁

## 一、创业战略选择的影响因素

战略目标决定着一个企业的发展方向，战略选择的正确与否直接决定着一个企业的存亡，对企业未来的发展起着十分重要的作用。一般而言，影响创业战略选择有如下几个因素（见图3-6）：

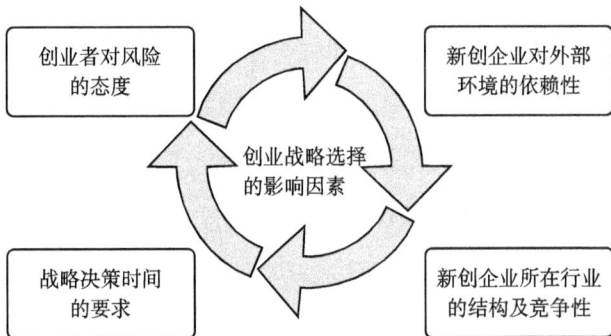

图3-6 创业战略选择的影响因素

### （一）创业者对风险的态度

风险是指损失的不确定性，这种不确定性是指，事件是否发生、发生时间、发生状况以及事件发生的后果或严重程度均无法判断和设定。创业者对风险的态度直接影响着创业战略方案的选择。一般情况下，创业者对风险的态度有三种：风险偏好型、风险厌恶型、中间型。风险偏好型创业者愿意承担风险，往往寻求潜力大、利润大、风险大的投资环境，喜欢选择进攻性的发展战略。而风险厌恶型创业者则追求一种稳定的发展，不愿承担很大的风险，往往进入那些风险不大、稳定的投资环境，常采取防御性战略。

### （二）新创企业对外部环境的依赖性

任何一个企业都离不开外部环境的支持。这里的外部环境是一种狭义的环境，是指投入要素的来源、产品的市场、竞争者以及各种对企业具有调整作用的群体。新创企业对外部环境的依赖程度直接影响着创业战略的选择。一般而言，新创企业对外部环境的依赖程度越高，企业选择战略的灵活性就会越小；相反，其选择战略的灵活性就越大。

### （三）战略决策时间的要求

决策是指在两个或两个以上的方案中选择一个决策者认为更合适或更合理的方案的过程。因此，决策时间直接影响着战略方案的选择。如果决策时间过于紧迫，那么对战略方案进行评估的时间相应也会很短，在短时间内收集到的信息也十分有限，自然对战略方案进行选择时会受到很多限制，这些都直接影响着战略选择的准确性。一般而言，决策时间太短很容易导致决策的失误。但是反过来，决策时间过长也容易出问题。决策时间过长，决策者为了决策的正确性，无止境地收集信息和资料，并不断评估和过分地追求方案的可靠性，这样不仅不利于战略选择的准确性和及时性，而且往往会导致资源的浪费。

### （四）新创企业所在行业的结构及竞争性

行业结构及竞争性决定着行业的竞争原则和企业可能采取的战略。企业在运行过程中会受到五种力量的相互作用，这五种力量分别是潜在竞争者进入的能力、替代品的替代能力、购买者的讨价还价的能力、供应商的讨价还价的能力、行业内竞争者现在的竞争能力，即所谓的"波特五力"。这五种竞争力量直接决定了一个行业市场的竞争模式。如当一个行业的进入障碍很低，替代品的竞争很激烈，供应商和购买者的议价能力强，行业内竞争白热化但退出障碍很高，那么这种行业是没有竞争力的。自然，创业者就不会选择进入这样的行业。

## 二、创业战略选择的工具

### （一）SWOT 分析

SWOT 是优势（Strengths）、劣势（Weaknesses）、机遇（Opportunities）、威胁（Threats）的简称（见图 3-7），SWOT 分析主要是指创业者或企业家对组织所处的内部和外部环境进行全面的分析，并及时且充分地利用环境中的优势和机遇，规避或减少环境中的劣势和威胁，从而获得竞争优势的过程。

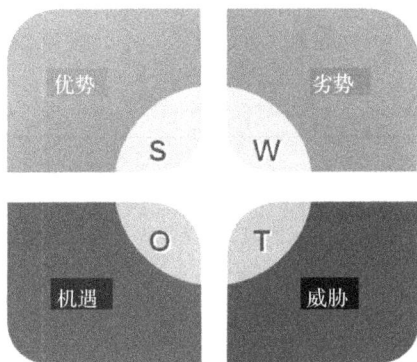

**图 3-7 SWOT 分析法**

SWOT 分析法在企业战略管理中得到了广泛的应用。其中，优劣势分析是针对企业内部的条件，主要从企业自身的资源和能力出发，与竞争对手进行比较；机遇和威胁分析则侧重于分析外部环境的变化对企业造成的影响。

S ——优势，是指与竞争对手相比，企业在竞争中拥有的明显的优势方面。

W——劣势，是指与竞争对手相比，企业在竞争中所处的明显的劣势方面。

O ——机遇，是指企业在外部环境中比竞争对手更容易获得或拥有的机会，并且这种机会通常可以给企业带来超额利润。

T ——威胁，是指外部环境给企业带来的一些不利的方面，这些方面往往会影响企业的市场利润。

SWOT 分析方法所涉及的优势、劣势、机遇、威胁的问题是战略管理必须研究的问题。该方法已成为战略管理的一种通用的分析方法。例如，当企业需要决定对一项新业务是否进行投资，就可以利用 SWOT 分析方法，充分分析本公司在内部环境中的优势与劣势，以及在外部环境中的机会与威胁，从而初步分析出该项新业务是否可行。如果可行，则提前做好趋利避害的准备和计划，尽量化劣势为优势，化威胁为机遇。这样才能做到"知己知彼、百战不殆"，降低公司的经营和投资风险。

将优势、劣势和机遇、威胁进行两两组合，可以得到如下组合（见图 3-8）：

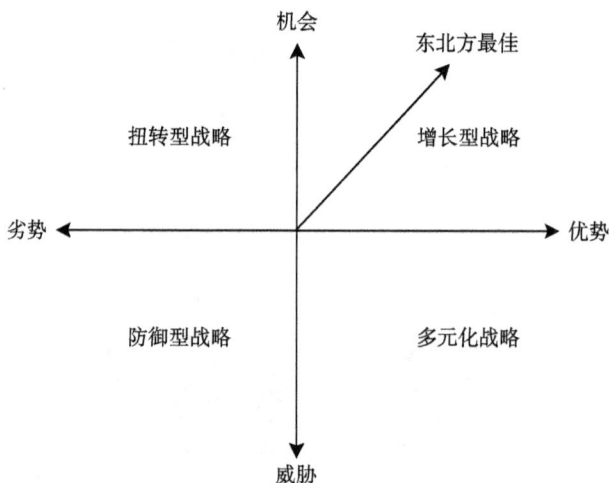

图 3-8　SWOT 分析图

### 1. 劣势—威胁（WT）组合

一个企业处于劣势—威胁组合下，其境况是十分危险的，企业应尽量避免处于这种状态。但是，一旦处于这样的环境中，企业应最大限度地减少内部劣势，同时规避外部环境给企业带来的威胁。此时，企业往往采取的是防御型战略。很多情况下，这种企业为了维持现状必须不懈地奋斗下去，不然很可能会面临倒闭、被兼并甚至破产的危机。如果想要比较顺利地渡过难关，最好的方法就是采取合并或缩减生产规模的方式，一方面能克服企业目前存在的弱点，另一方面能比较稳定地度过"危险期"，也许随着时间的推移会慢慢出现转机。

### 2. 劣势—机遇（WO）组合

处于劣势—机遇组合下，企业识别出了环境中的发展机会，但这些机会又受到自身劣势的影响和限制。因此，在这种情况下，企业应该通过利用外部机会来弥补内在的劣势。企业如果不采取任何行动，实际上是将机会让给了竞争对手。

### 3. 优势—威胁（ST）组合

在这种情况下，企业应在充分发挥自身优势的同时降低或规避外部威胁的影响。有些企业常常凭借自身独有的资源和能力，就贸然采取行动应对外界的威胁，或者忽略危机的征兆可能带来的负面影响，这种大意和轻敌的心态往往是企业最致命的弱点。这时候，企业应该保持谨慎行事的态度，采取合适的策略，有限度地发挥企业的优势。这种情况下，企业可以采用多元化战略，在企业实力非常强大、优势明显突出的情况下也可以采用一体化战略。

### 4. 优势—机会（SO）组合

这种情况既能使企业优势得到充分和良好的发挥，又能最大限度地利用外界的有利条件，无疑是企业最佳状态的组合，这时企业可以采用较为开放和扩张的战略。

### （二）BCG 矩阵

BCG 矩阵是由波士顿咨询集团（Boston Consulting Group，BCG）提出的，因而又可称为波士顿矩阵。波士顿矩阵是由一个二维的矩阵图构成，其横轴表示企业在产业中的相对市场份额，反映了企业在市场上的竞争地位；其纵轴表示产业预期增长率，反映了企业经营业务所在市场的相对吸引力。从 BCG 矩阵图（见图 3-9）中可以判断出，企业应该针对每一项经营单位业务的特点选择合适的战略。这种方法适合分析多元化公司的业务组合问题。

### 1. 现金牛（低增长，高市场份额）

落在这个象限的业务可以产生大量的现金，但是它未来增长的潜力是有限的。

### 2. 明星（高增长，高市场份额）

落在这个象限的业务处于快速增长的市场中，并且占有主导的市场份额，它们对现金流的贡献取决于投入的资源。

图 3-9  BCG 矩阵

**3. 问号（高增长，低市场份额）**

落在这个象限的业务处于有吸引力的市场中，但只占有较小的市场份额。

**4. 瘦狗（低增长，低市场份额）**

处于这个象限的业务不产生或不消耗大量的现金，但这些业务只有低市场份额和低增长率。

通过 BCG 矩阵的战略分析可以得出如下结论：企业应尽可能多地通过现金牛收获现金，但由于其增长较低，所以不用在该业务上耗费过多投资，而是应该将现有的资金投入在具有增长潜质的明星业务和问号业务。明星业务在相当长一段时间内将会保持较高的市场份额，并且会持续增长，但要注意当它增长到一个阶段时就会降低增长的速度，渐渐演变成市场上的现金牛，企业要及时判断这个趋势，理性投资。企业最麻烦的问题在于如何处理问号业务，因为它相对来说不确定性较高，管理者对此要做出关键的决策，对潜质低的业务要及时抛出，对持续增长、不断获得市场份额的业务要加以培养，使之转变为明星业务。瘦狗业务只能耗费资源，在很长一段时间内将得不到回报，应该将之出售或清算。

**（三）GSM 矩阵**

大战略矩阵（GSM 矩阵）是由美国著名学者汤普森和斯德里克兰在 BCG 矩阵的基础上提出的。该矩阵的优点是可以将各种企业的战略地位都置于大战略矩阵的四个战略象限中，并加以分析和选择。大战略矩阵由两个坐标轴组成，横轴代表竞争地位的强弱，纵轴代表市场增长的快慢。横纵坐标轴交叉形成了四个象限，每个象限有多种战略选择（见图3-10）。

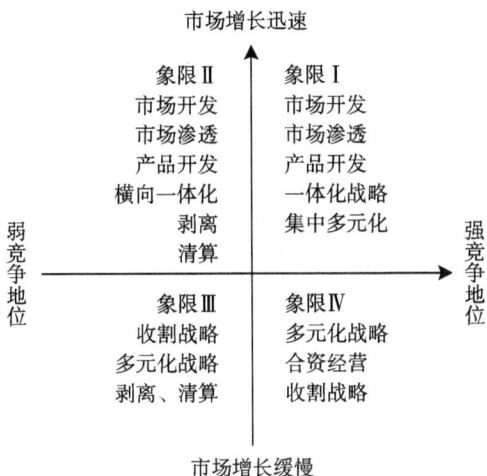

市场增长迅速

象限Ⅱ　　　象限Ⅰ
市场开发　　市场开发
市场渗透　　市场渗透
产品开发　　产品开发
横向一体化　一体化战略
剥离　　　　集中多元化
清算

弱竞争地位　　　　　　　　强竞争地位

象限Ⅲ　　　象限Ⅳ
收割战略　　多元化战略
多元化战略　合资经营
剥离、清算　收割战略

市场增长缓慢

图3-10　大战略矩阵

### 1. 象限Ⅰ

处于第一象限下，企业所在市场增长快速并处于强的竞争地位。在这种情况下，企业有着很好的发展机会，当前最好的战略就是继续集中经营当前的市场（市场渗透和市场开发）和产品（产品开发）。处于第一象限的公司如果拥有足够的能力和资源，可以采用后向一体化、前向一体化和横向一体化等策略进行扩张。

### 2. 象限Ⅱ

处于第二象限下，企业所在的市场增长很迅速，但其自身所处的竞争地位则比较弱。在这种情况下，企业首先应该清楚其竞争地位弱的根本原因，找出自身的问题所在，然后有目的地调整其战略。此时，企业应当选择加强型战略。但是，如果企业没有足够的生产能力和独特的竞争优势，那么可以考虑横向一体化的战略。

【拓展阅读】

**横向一体化**

横向一体化是企业与同行业企业进行联合的一种战略。企业为了扩大生产规模、降低交易成本、巩固市场地位，通常通过收购或合作的方式，与其他企业形成稳定、长久的关系，以抵抗和削减竞争对手，维持自身的竞争优势。

### 3. 象限Ⅲ

处于第三象限下，企业不仅在所处的市场发展很缓慢，而且自身竞争能力也很弱，这对企业的发展是十分不利的。在这种情况下，企业应当选择收缩型战略，即重新构思其经营战略，收缩业务，大幅降低成本，或将资源从现有业务领域逐渐转向其他业务领域。

### 4. 象限Ⅳ

处于第四象限下，企业虽然面对增长缓慢的市场，但是自身却处于很好的竞争地位。在这种情况下，企业拥有较大的现金流，应该首选多元化战略，拓展市场，从而充分发挥其竞争优势。

## 【案例3-1】

### 创业战略的失策

空白市场是很多创业者觊觎的机会，但时机一过就没那么好了。小王上大学的时候同学之间有段时候流行玩"大头贴"，学校附近有一些照相馆设有大头贴机，好友可以一起选择相片的背景图案，在机子面前自助拍照，拍出来的效果很可爱。小王想着自己老家还没有这种拍照方式，是个市场空白，刚好爸爸又在老家一所中学附近开礼品店，何不试一试呢？说干就干，小王趁暑假回家的时候，给爸爸的礼品店增添了一台大头贴机，不久就引来很多中学生光顾，小店的生意也更好了。小王大学毕业后几年，工作不是很顺心，他想起了曾经做过大头贴的生意，决定重拾往日的经验。

于是小王回到了自己家乡的一个中型城市，租了个精致的店面，他不但买了大头贴机，还花了大把心思把小店装修得异样别致。小王想把店面设计成可供顾客DIY的小天地，顾客可以在相片上涂鸦，可在店内的小工艺品上留言，把这里当做温馨的创意小屋。此外，小王还建立了会员制，会员既可享受折扣，也可以在生日免费消费，并且节日里或毕业季店里还会给会员准备小礼物，等等。

一切准备就绪，小王对自己一手打造的浪漫小屋非常得意，他相信他的"柏拉图世界"一定能吸引到很多中小学生。殊不知，大头贴的市场早已过去，仅仅流行了三四年，大家对它的青睐程度就降低了。小王在这个时候还把大头贴当成主业，围绕着它大费周折，就算战略计划再完善，也是走歪了的。小店刚开的几天，有几个人光顾，时间久了就慢慢不受欢迎了，生意惨淡。但是租金、水电这些费用还是要付出，而且小王为了开拓客源，还亲自去跑业务，这样就要多雇一个帮手帮他看店。收支不平衡的问题越来越严重，小王终于撑不住了，只好关了大头贴店另谋生路。

资料来源：王宝森. 浅析三个创业失败案例 [J]. 生意通，2011（6）.

## 本章小结

本章主要介绍的是创业战略与企业家精神之间的关系，即创业战略的制定和执行都需要企业家精神的支持。企业家基于目前的竞争态势，综合权衡企业的内部和外部的资源优势和劣势，勾画出企业未来发展的理念就是创业战略。战略管理的过程包含六个步骤，即环境分析、战略选择分析工具的应用、确定公司使命与战略目标、战略方案制定、战略实施和战略评估与控制。战略分析是指通过分析企业的内部和外部环境，发现其优势和劣势、威胁和机会，并对企业的战略进行预测的过程。创业环境主要包括宏观环境、行业环境、企业内部环境三个方面。一般而言，影响创业战略选择有如下几个因素：创业者对风险的态度、新创企业对外部环境的依赖性、战略决策时间的要求、新创企业所在行业的结构及竞争性。战略选择工具主要有SWOT、BCG、GSM 三个。

通过科学的分析，企业家对创业环境有了一个全面的了解，明确了创业的可行性。那么，是否企业家就立马开始进行创业呢？在创业初期，企业家应该具备什么样的精神才能获得成功呢？下一章将介绍企业创业期的企业家应具备的精神和素质。

# 第四章　企业创业期的企业家精神

## 创业，思路决定成败

以前，有个青年和同伴一起开山，同伴把山上的石块卖给盖房子的商人。而青年却细心地发现很多石头都是奇形怪状的，看起来很漂亮，于是他把石头卖给花鸟商人。卖给花鸟商人的石头价格远远比卖给盖房子的高，很快青年就拿到了比别人价值更高的第一桶金。

再过几年，政策要求不能开山了，而要多种树。村民们种了很多果树，每到秋天，山上硕果累累，许多水果批发商纷纷上山摘果子，村民们靠着这些果树获得了不少收益。青年却没有跟着种果树，而是种起了柳树，因为他发现商人采果子都要找竹筐装，现在缺的正是盛果子的竹筐。不错，他的柳树给他带来了比别人高得多的收入，几年以后，他成了村里第一个在城里买房的人。

又过了几年，京九线建起来了，从村附近穿过。小村交通便利了，村民们开始集资办水果加工厂，将自产的水果加工成果脯果糖推向城市。青年又做了一件没有人做的事，他在铁路的一边砌了一道一百米长的墙，后来可口可乐公司找到了他，用他的这面墙做了可口可乐的宣传广告。这个人凭这面墙，每年可以获得4万元的额外收入。

20世纪90年代末，丰田公司的一位经理人来中国考察，经过这个小村的时候耳闻了这则故事，他决定要找到这个具有独特眼光的人。当他找到这个人的时候，他正在自己的服装店门口与对门的店主争吵，原来每当他为自己卖的服装定好价格以后，对面的店就会以更低的价格出售，致使这个人销量远远比不上他的竞争者。经理人感到很失望，但得知真相后，他义无反顾地以高薪聘请了这个人，原来对门那家店也是他开的。

资料来源：http://mengxiangbin5968.blog.163.com/blog/static/27641320112183554444/.

**【案例启示】** 成功往往属于领先一步的人。这则故事中的青年，在别人都随波逐流的时候看到了市场的空隙，大胆地走别人没走的路，最终凭借他绝无仅有的竞争优势获得了成功。

---

**本章您将了解到：**

● 创业机会的识别和洞察

● 创业的专业素养

● 实现创业目标的能力

---

# 第一节　洞察力

善于识别与把握时机是极为重要的。在一切大事业上，人在开始做事前要像千眼神那样视察时机，而且进行时要像千手神那样抓住时机。

**——培根**

洞察力是指个体通过有目的的主动知觉的过程，敏锐地发现问题的能力，即透过现象看本质的能力。企业家的洞察力是指企业家在其管理经营活动或创新活动过程中全面、深刻、准确地观察、了解和把握事物的现象、结构、运动、规律和本质的能力。

作为一个企业家，应该具备敏锐、深刻和迅速的洞察力。"敏锐"在词典中的定义是：反应灵敏，目光尖锐。也就是说，敏锐强调的是善于发现细小的问题或变化，准确把握住事物发展的方向。"深刻"是指达到事情或问题的本质，强调的是由表及里，透过现象看本质。"迅速"即速度快，强调的是行动的及时性和迅速性，在机会出现时就立即抓住，所谓"趋时若猛兽鸷禽之发"。敏锐、深刻、迅速三者之间是相互作用和联系的，其中敏锐是基础，深刻是本质，迅速是条件。

人的能力取决于两个方面，一方面是先天的条件，另一方面是后天的学习。洞察力也是如此，既可以通过后天多方面知识的积累而产生，也可以表现为一种直觉力。企业家通过思考、学习和记忆，最后内化信息为有用的知识。企业家通过积累的内化知识，并进行认真思考，进而形成洞察力。

## 一、机会识别

机会既是天然存在的，又是人类思想的产物。能否识别具有可开发性的机会，是对创业者洞察力的第一个考验，因为只有对商机有较高的敏感度和较适当的把握程度，企业才有踏出第一步的可能。企业家的创业决策经常源于他们识别到一个别人没发现的机会或商机，并预期这个机会或商机能获得利润。

识别机会时，有两个问题需要注意：一个是掌握信息获取与有效使用的方法；另一个是要增加机会识别的实践技能。

### （一）信息获取与有效使用

#### 1. 获取信息的良好渠道

在这个信息爆炸的时代，信息不是少了，而是获取的途径太多，以致人们搜寻信息和甄选信息的成本很高，且时间也很长，很多机会也就"石沉大海"了。因此，获取信息的良好途径是降低企业家信息搜寻成本的一个重要方法，有助于机会或商机的识别。获取有用的信息，就能增加洞察有价值的潜在机会的可能性。

企业家获取信息的良好渠道主要有两个：一是以多种方式参加业内的活动；

二是通过企业员工、顾客、供应商等利益相关群体获取信息。当然，企业家也可以凭借其丰富的工作经验和生活经历从互联网上有目的地获取信息。加格里奥和卡茨指出，企业家尤其是成功的企业家，都有一个心智模式使他们保持对机会的警觉并识别它。这种心智模式是由经验构建而成，能够有效地处理信息，而且能帮助人们寻找并注意有价值机会的市场、技术、竞争等方面的变化。

### 2. 信息的有效利用

企业家不仅要拥有比别人多的信息，而且要善于利用信息。即使获取了有用的信息，但是没有得到很好利用的话，也是一句空话，没有任何意义。因此，信息是否能够有效利用直接决定了机会或商机的实现。而企业家利用信息的能力往往取决于其自身的知识素质和能力素质。知识素质主要强调的是企业家拥有知识的广博性和深刻性；能力素质主要强调的是企业家计划、组织、领导、激励和控制以及分析问题、解决问题等方面的能力。另外，还有研究表明：智力水平也影响了创业机会的利用。

### （二）增加机会识别的实践技能

提高识别有潜在价值的机会的能力，可以通过增强机会识别的实践技能来获得，主要有以下措施：

### 1. 拓展知识

随着知识化和信息化时代的到来，知识对于成就任何一番事业是必不可少的。识别任何机会都需要基于一定的知识结构，只有将新旧知识进行融会贯通，才能在实践中游刃有余地运用。

### 2. 及时掌握环境的变化趋势

随着互联网的迅速发展和普及，企业外部环境变化的速度越来越快。如果企业家跟不上环境变化的步伐，不必说获取创新的机会或捕捉商机，就连保持企业原有的发展也是不可能的。在现在这种环境下，犹如"逆水行舟，不进则退"。环境将要发生的任何变化就是商机和创新机会产生的时机。及时掌握环境的变化，就能尽早地发现商机，抓住机遇。

### 3. 培养实践技能

企业家通常要具有较高的实践技能，能够较好地解决日常生活和工作中的各种问题。实践技能是可以培养和训练的，如参加在职的 MBA 培训学习，不仅有利于提高自身的素质、提高工作效率和效果，更重要的是改善了一种思维能力。

### 4. 警惕乐观的偏见

企业家不仅要关注识别真正的机会带来的潜在收益，也要注意甄别虚假机会带来的毁灭性代价。抓住一个好的机会，可以成就一番好的事业；开发一个假的机会，可能弄得一败涂地。所以，对于企业家，具有识别真假商机的慧眼是十分重要的。

## 二、目标洞察

企业家能否为组织制定合理有效的目标，直接关系到组织的生存与发展。企业家在目标确立过程中起着如下几个方面的作用：首先，确定企业目标和共同的愿景；其次，向员工清晰地传述目标和共同愿景；最后，赢得员工的支持和认可。在这个过程中，目标的选定直接取决于企业家的洞察能力。

观察行业的发展动态，发现竞争对手的弱点，在市场中找到立足之地，确定公司的发展方向和经营范围，进行改革和创新，都是敏锐洞察力的充分体现。

### （一）共同的愿景

愿景代表的是企业创始人的美好愿望，阐述了企业未来的发展方向。在创业初期，企业家首先需要明确的是该企业存在的目的以及其未来的发展方向。所谓"共同的愿景"，强调的是企业所有员工对所建立的愿景高度的认可和支持，并且有信心在领导者的带领下实现该愿景。彼得·圣吉认为共同的愿景是群体中人们共同拥有的价值观和目标信仰，它使员工拥有集体归属感，充分体现在企业的活动中，成为强大的员工驱动力。共同愿景一般来源于企业家的个人愿景，企业家要有能力将个人愿景上升为共同愿景。值得注意的是，企业家要想在员工心中树立一个"共同愿景"，必须关注员工的个人目标和需求，使企业目标和员工目标趋于一致。这样的目标才能够真正得到员工的认可和支持，也才能激发员工奋发向上、积极进取的斗志和精神。简单来说就是，动机因需要而产生。

**（二）目标确立的原则**

目标确立应该遵循 SMART 原则、即明确的（Specific）、可衡量的（Measurable）、可接受的（Agreeable）、可实现的（Realizable）和有期限的（Timed）。

**1. 目标是明确的**

企业犹如大海中的一只帆船，如果没有一个明确的目标，那么船永远也到不了岸。企业家无论在确定其个人目标还是组织目标时，都应该注意目标的明确性。如某个部门的目标是"提高经营业绩"，这样不明确的目标等于没有目标，可以将目标改为"经营业绩（相比上一年）提高10%"。

**2. 目标是可衡量的**

可衡量的前提就是可量化。一个不可衡量的目标是不具有操作性的，因为目标是否实现和完成的情况如何是无法评估的。在确定其目标时，有一些企业很喜欢用"进一步加强"、"大幅度提升"等来描述其目标。"进一步"是进多少，"大幅度"是多大，没有一个可以衡量的标准。没有一个衡量的标准就不利于进行员工的绩效考核，自然对员工的激励就会很小。

**3. 目标是可接受的**

"可接受"强调的是员工对目标的认可度和支持度。古人云："水可载舟，亦可覆舟。"企业家要实现其目标，就必须使所有员工对这一目标达成一致的认识，并树立员工实现该目标的信心，否则在目标的执行过程中会阻力重重。

**4. 目标是可实现的**

"可实现"强调的是目标的可行性。期望理论明确地提出，职工的激励水平与企业设置的目标效价和可实现的概率有关。也就是说，目标的可实现性反映的是努力和绩效的关系，即个体认识到只要通过某种程度的努力就可以达到预定的工作目标的可能性。这种可能性受多种因素的影响，主要包括个体的能力、经验和判断力以及个体的个性、心态，还有社会和他人对个体的期待值，等等。

### 5. 目标是有期限的

目标的基本内容包括时间、地点、人物、任务、资源等。任何一个目标的完成都是有时间成本的，需要在特定的时间段里面完成，如果超出这个时间段，其作用效果会小很多，有的甚至会起到相反的效果。另外，人天生具有惰性，如果没有时间限制，便不会产生紧迫感，那么任务的完成则遥遥无期了。

## 三、行动洞察

### （一）尊重个人

人是企业资源的核心，对企业的发展起着决定性的作用。"尊重个人"是实现"以人为本"的基础和前提。"尊重个人"主要体现在以下两个方面：一是企业家应该了解员工的成长过程、个性特征、价值取向，并认识和理解个体间的差异性，在尊重的前提下，采取措施激励员工，提高员工的工作积极性。这样才能做到真正地尊重员工，从员工的需求出发，为员工的切身利益着想。二是在管理或领导的过程中，企业家应该重视员工的意见和建议，发挥集体的智慧，共同实现组织的目标。

### （二）把握变化

在如今科技迅速发展的时代，企业内部环境和外部环境日益更新。任何一种变化都可能孕育着商机，任何一种变化也很可能是企业的一种威胁。一个成功的企业家往往会有如下表现：一是对环境有一种"嗅觉"，即能够及时、准确地洞察到企业内外部正在发生或即将发生的任何变化；二是会深入分析环境变化的内在原因，预测变化可能带来的结果，并及时解决变化给企业或组织带来的一系列问题；三是合理利用变化中的机会，尽量避免或降低变化给企业带来的威胁，即强化正面作用，降低负面损失。

### （三）提高概念技能

所谓概念技能是指产生想法并加以处理，以及将关系抽象化的思维能力。具有概念技能的企业家往往把企业看成一个整体，并了解组织各个部分的相互关系。概念技能具有如下特征：

（1）能准确周密地思考事物发生的原因，或能根据已有的经验或知识对当前所面临的问题做出正确的判断。

（2）将复杂的问题简单化，根据知识和经验，能够透过事物的表面看到本质。

（3）能够预见或了解事情发生的多种可能性，以及各种情况下采取的行动可能产生的多种后果，找出多个复杂事物之间的联系。

（4）能找到恰当的途径和方法，解决现有的问题和潜在的问题。

## 四、洞察过程

发现企业内部的问题，洞察企业内部隐藏的机遇。那洞察要遵循一定的程序或步骤吗？有的认为，洞察力取决于一个人的思维能力，无程序可言。有的认为，万事都会遵循一定的规律，只是我们有没有发现而已。本书侧重于后一种观点。一般而言，洞察任何一个系统存在问题的过程包括（见图4-1）。

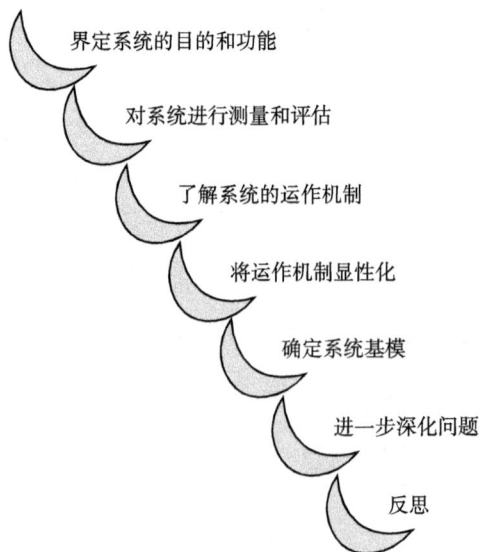

界定系统的目的和功能
对系统进行测量和评估
了解系统的运作机制
将运作机制显性化
确定系统基模
进一步深化问题
反思

图4-1　洞察过程

### （一）界定系统的目的和功能

要界定一个系统的目的和功能，就要了解该系统的运作机制与更大系统及周边系统的关系和相互作用。这为洞察企业的问题或机遇提供了基础和条件。

### （二）对系统进行测量和评估

做好了基本的界定工作，就可以在此基础上测定解决问题的能力、范围以及涉及的因素，等等。对系统进行测量和评估实质上就是了解系统的长处和不足，这样有利于洞察系统的内部问题。而当企业家实现了"变短为长"的过程实际上就是一个创新的过程。

### （三）了解系统的运作机制

了解系统的运作机制主要是为了了解该系统的运作流程。只有清楚了系统的运作机制之后，才能发现和预测流程的"瓶颈"和问题。因此，企业家要想从环境中发现机遇或商机，必须对组织系统的运作机制有十分清楚的认识。

### （四）将运作机制显性化

"运作机制显性化"强调的是企业各职能部门信息的分享，让所有员工了解各个部门的工作流程和环节。这样才有利于将工作流程中的问题凸显出来，并发挥集体的智慧和力量改进或变革流程，从而促进企业的创新。简单说，运作机制显性化有利于发现问题和解决问题。

### （五）确定系统基模

系统基模也就是系统的框架，确定系统基模指的是分析决策者设计该系统的思维图，并分析他这样设计的原因，最后考虑系统是否存在错误或异常。

### （六）进一步深化问题

发现系统存在的错误或异常后，需要对问题进一步深化。一般可以进行如下思考：确定发现的是问题的基本原因吗？还有没有更深刻的问题存在？还有没有更进一步的原因存在？如何界定原因与问题之间的联系？联系的性质是什么？

### （七）反思

这个发现能解释当初的问题吗？深化得是否过于抽象了？如何优化？……经过反思洞察过程中的问题，使整个环节连接起来，形成了一个闭环，从而可以不断地完善和改进系统。

# 第二节　专业力

你并非从技术中赚钱，而是从成功地将技术商业化的企业中赚钱。

——汤姆·霍克迪

所谓专业能力是指从事某专门职业所具备的能力，就是一个人在扮演专门职业中的特定角色所具备的知识、技能、态度或价值。

在创业初期，企业家融入太多的专业技能可能会束缚企业的发展，但是在企业的发展过程中，如果没有专业方法的话，只会使企业停滞不前。

具有专业能力既有优点，也有缺点（见表4-1）。

表4-1　具有专业能力的优缺点

| 优点 | 缺点 |
| --- | --- |
| 有助于更好地组建组织 | 墨守成规 |
| 有助于观点的执行 | 创新少 |
| 指导行为时，有助于结果的改善 | 先入为主地认同公认的标准 |
| 有助于组织思路，更好地调配时间、精力 | 规避风险 |
| 改善资源分配 | 无法衡量动机 |
| 控制风险 | 不能容忍偏差 |
| 增加成功概率，增强激励效果 | |
| 防止问题出现 | |
| 消除或者减少出错的需要 | |

因此企业家既要有专业力，又要适当运用专业力。在创业期企业家的专业力主要应着重于时间管理、抗干扰能力、敬业精神、协作精神等方面。

# 一、时间管理

不会管理自己的人，不可能管理好企业。在自我管理中，最重要的就是时间管理。而管理时间的水平高低会影响我们事业和生活的成败。

时间是一种宝贵的资源，具有不可替代性和不可逆转性。人们常用"光阴一去不复返"、"光阴似箭"、"逝者如斯"、"一寸光阴一寸金，寸金难买寸光阴"等来形容时间的宝贵。对每个人而言，时间体现的价值是不同的。如对于一位月绩效是 300 万元的职业经理人而言，他每天的时间价值是 10 万元；而对于一位月绩效只有 3000 元的职员来说，他每天的时间价值是 100 元。因此，作为工作繁忙的企业家，为了取得事业上的成功，应该进行有效的时间管理。

## （一）掌握自己的时间

只有管理好时间，才能把事情做好。雷克斯马克公司曾在 2001 年 10 月做过一份调查，调查结果显示大多企业家中，1/4 的周末都忙于工作，几乎一半的时间用于加班，12 位被访者根本无暇安心地享用午餐。在如今这个竞争日益激烈的市场环境下，大多数人似乎每天都有忙不完的事，加班便成为一种家常便饭。但是，加班并不能保证工作能做得更好，提高做事的效率和效能才是根本出路。效率追求的是做事的速度，即"以正确的方式做事"；而效能强调的是做事的效果，即"做正确的事"。德鲁克曾经说过，做任何事情，首先要考虑做正确的事，然后考虑正确地做事，因为前者直接决定我们所做的事情是否有用。

成功的企业家都有一个特点：找时间坐下来，仔细思考如何利用自己的时间资本。要使事业和生活都成功，就要有一份时间计划，只有这样每天的工作与活动才能完成。

## （二）时间管理的过程

一般而言，时间管理有如下几个方面的内容：

### 1. 制定目标

目标是决定行动的方向，也是衡量行为的尺度。制定明确的目标是成功时间管理的前提和基础。现代时间管理理论认为，效率高是一回事，方向对才是最重要的。只有设定了目标，才能在纷繁的事务中保持清醒的头脑；有了目标，即使工作压力再大，也会遵循正确的优先原则，目标可以使你的力量集中于事物的中心，不偏离目标。对于企业家而言，明确了自己的目标，就抓住了时间管理的关键。

一般而言，目标的设定有如下五个原则：具体性、可衡量性、可实现性、可行性和时效性。在工作中，有的企业家可以将事情处理得井井有条，而有的则被事情弄得焦头烂额。为什么会这样呢？其主要原因是后者将大量时间花在处理一些无关紧要的事情上面。根据二八定律，20%的事情可以产生80%的效益。那么，我们应该用80%的时间来完成20%最重要的事情。在制定目标时，我们应该确定目标的重要程度和紧迫程度，将精力集中于处理最重要的事情上。

**2. 制订书面的行动计划**

在确定了目标之后，需要制订一个明确、具体的行动计划。如果光有目标而没有行动计划，那么工作起来容易弄得人手忙脚乱，搞得人疲惫不堪，最后工作效果还不是很好。"凡事预则立，不预则废"说的就是这个道理。企业家要面临的事情是十分繁多复杂的，时间往往不够用。而一个好的时间计划，可以节省很多时间，也就相当于创造了更多的价值。如果企业家在每天工作之前准备8分钟，并且持之以恒，那么，每天即可赢得一个小时甚至更多的时间。

值得注意的是，计划要形成书面文字。如果只是在头脑里形成了时间计划，计划很容易被推翻；书面计划可以减轻记忆的压力，可以产生自我激励的心理功效，更少分散注意力，使得行动更有目的性，更加讲求效率，提高抗干扰的能力。

**3. 适用优先的原则**

大多数成功人士都会告诉你，专注是成功必不可少的秘诀，持之以恒是获取成功的基本保障。要做到这两点，就要坚持优先原则，在庞大的工作量中，明确什么是优先需要完成的任务，什么任务可以有个缓冲期，在这个基础上才能把各个阶段的日程表安排妥当。也就是说，将当下享有优先权的工作尽力尽快去完成，进入下一个阶段再进行新一轮的安排，这样才能使创业者更好地合理利用时间。

（1）80/20时间管理法。其核心是，80%的效益产生于20%的工作活动。那么，根据这一原则，我们应该对事情按优先程度先后排序，然后根据价值大小来分配时间。一般而言，工作可以分为四种类型：紧急又重要的工作、紧急但不重要的工作、重要而不紧急的工作、既不重要又不紧急的工作。根据80/20时间管理法，当我们时间有限的时候，应该集中精力优先完成那些紧急又重要的工作，其次再完成重要而非紧急的任务，再次是完成紧急而非重要的工作，最后才是既不重要也不紧急的工作。

（2）ABC时间管理法。就是以事务的重要程度为依据，将待办事情从重到轻分为A、B、C三个等级，然后按照事项的重要等级依次完成任务的一种做事方法。A指非常重要的工作，约占总工作量的15%，价值约占总工作的65%，这种工作只能由专人或者团队完成，不能授权给别人；B指重要的工作，约占总工作量的20%，价值约占总工作的20%，这种工作可以（部分地）授权给别人，也可以自己完成；C指次要的工作，约占总工作量的65%，价值约占总工作的15%，这类工作必须授权给下面的人员去做，以便节约精力和时间处理重要的事情。

## 【案例4-1】

### 华为的时间管理

众所周知，华为的成功与公司的"狼性"文化是离不开的。华为的时间管理也是非常严格而有效的，公司有一套完备的时间管理法，会给员工培训时间管理的技巧和方法。在课程中，华为特别强调两点：一是工作计划的重要性；二是学会拒绝。为什么要突出计划的重要性呢？因为计划一方面可以让人明确这项工作的目的，避免犯错误，降低了犯错率就可以节省很多时间；一方面可以使员工清楚掌握工作的进度，控制接下来进展的速度。学会拒绝是什么意思？华为在给员工培训的时候，特别灌输了这么一个原则，当别人委托你的时候，不要急于答应，而要量力而行。如果自知做不到或没有把握，硬着头皮逞强只能耽误工作，甚至到头来没做成，既浪费时间又毁了信誉。很多新人为了表现自己，到处揽活儿，其实是一种急于求成的行为。所以，承诺之前先想清楚，学会适当地拒绝，不管在生活上还是工作中都是有道理的。

资料来源：http://clxydjs.hqu.edu.cn/QingmeizhujiuView.asp?ID=148&SortID=18.

## 二、敬业精神

敬业就是热爱工作、敬重工作，对工作一丝不苟，尽职尽责，敬业精神既是做人做事的重要原则，也是成就伟大事业的基本条件。

### （一）执著

任何一个成功人士都具备执著的精神。常言道"失败是成功之母"，大多数成功的背后都经历了无数次的失败，如果缺乏执著的精神和坚强的毅力，是很难到达成功的彼岸的。

执著往往表现为对理想和目标坚持到底。但是，这种执著是基于理性之上的，并非无厘头或一意孤行的固执己见；这种执著也是动态的，并非一成不变或墨守成规。成功是一种努力的积累，任何成功都需要漫长的努力和精心的策划。缺乏执著精神的人往往面对困难的时候会轻言放弃，最终与成功失之交臂。

### （二）主动

主动指的是随时做好充分的准备，在机会降临时能够凭借自身的判断力、工作能力和以往的经验，以超水平的发挥抓住机会。

积极主动的人认为无论在什么情况下，自己总有选择的权利，命运把握在自己手中。消极被动的人总认为自己的命运受控于环境和他人，碰到问题时总是怨天尤人。

要达到积极主动，应做到如下几点：

#### 1. 积极乐观

保持积极乐观的心态并非必定导致成功，但是消极的心态则必败无疑。心理学家发现：一个人成败与否，很多时候并不能归因于外界环境给予的条件，而要反思其对环境的反应如何。

人生不如意事十有八九，如果缺乏积极乐观的良好心态，那么只会不断地抱怨上天的不公、社会的不公，这不仅影响一个人的身心健康，而且直接决定了一个人的成功与否。"既来之，则安之"，我们很多时候必须以一种积极乐观的心态看待那些无法改变的事情，尽力做好自己能做好的事情。

**2. 创造机会**

只有不断尝试，才会有进步和提升；只有积极主动地去尝试，才能发现机遇、创造机会。机遇往往能够加速企业家梦想的实现，也是体现企业家价值的良机。因此，能否把握住机遇直接决定了企业家的成败。只有在平时做好准备，夯实基础，才能有足够的把握，并在必要的时候做出明智的选择，不至于错失良机。另外，体现企业家积极主动的精神并非是把握机遇，而是创造机会。作为一名企业家，不能"守株待兔"，必须主动出击，自主寻找和创造机会。

**3. 推销自我**

十多年前，"酒香不怕巷子深"，但现在，"酒香也怕巷子深"。在经济全球化的时代，要想把握住转瞬即逝的机会，就必须说服他人，推销自己。美国一位作家有一个形象的比喻："做完蛋糕要记得裱花。有很多做好的蛋糕，因为看起来不够漂亮，所以卖不出去。但是在上面涂满奶油，裱上美丽的花朵，人们自然就会喜欢来买。"另外，积极推销自我从另一方面也体现了一个人的自信心。而自信心是成功不可或缺的一个重要的心理因素。但是在推销自我的时候需要注意以下两个方面：一是要实事求是，不要过分推销自己，即在推销自我时应把握一个度；二是在展示自我时，不能贬低别人，更要注重团队的协作。

**（三）尽职尽责**

尽职尽责是人们工作应该遵循的原则，也是敬业精神的基础。做好本职工作是尽职尽责的基本表现，也是获得成功的前提。作为一名企业家，不仅仅是要完成其本职工作，更多的是要考虑企业未来的发展。另外，企业家应该为组织员工树立一个良好的榜样，激励员工努力实现组织的目标。

## 三、协作精神

每个人都是复杂的，都有各自的情绪特征。如果你认为他人是优秀的，那么你就会在他身上发现优秀的品质，否则你看到的都是他的缺点。当你自己不断进步时，也要善于发现、欣赏、赞美别人的长处，这样你才能赢得别人的友谊和支持。因此，作为领导者应该时刻关注别人的长处，组织中的任何人都可以对组织做出贡献，这就需要领导者具有协作精神。领导者与员工进行协作，不仅可以增加员工的工作满意度，而且还可以提高工作效率。

领导者应该意识到，老板与雇员之间应该是一种合作关系，而不是对立关系，应当互相尊重，互相学习，取长补短，尤其是在竞争日益激烈的今天，协作精神显得尤为重要。领导者的行为在很大程度上决定了组织的文化，具有协作精神的领导者更能创造一个和谐、融洽的工作环境，使员工感受到组织的良好氛围。

**【拓展阅读】**

### 蚂蚁靠什么搬动巨蟒

蚂蚁的驻地遭到了一条蟒蛇的袭击，许多蚂蚁被蟒蛇的身体和尾巴压扁或拍倒。蚂蚁的头儿很是不甘，它想了个办法，让蚁群从树上一齐滑落下来，缠住蟒蛇的身体，缠住之后使劲撕咬它。蟒蛇被成千上万的蚂蚁缠绕住，被咬得浑身痛痒，渐渐失去了力气，终于被打败了。

这么大的蟒蛇够蚁群吃一年了，蚂蚁的头儿命令大伙儿把蟒蛇抬起来搬进洞穴。但蟒蛇个头真的太大了，而且蚂蚁们个个在下面乱了阵脚，有的往东走有的往西走，搬了半天也没走多远。头儿爬上树，大声喊道："大家要记住，我们的目标是一致的，往洞穴的方向走，把它抬回家！"然后又找了它的几个手下，让它们顺着蟒蛇身体的方向排成一条均匀的队伍，指挥抬蟒蛇的蚂蚁走。这样，蚂蚁们有秩序地向前移动起来，终于把蟒蛇抬回家了。

资料来源：http://bbs.jxgdw.com/viewthread.php?tid=122682&page=1.

# 第三节　执行力

把每一件简单的事做好就是不简单；把每一件平凡的事做好就是不平凡。

——张瑞敏

## 一、执行力概述

杰克·韦尔奇说过："管理者的执行力决定企业的执行力，个人的执行力则是个人成功的关键。关注执行力就是关注企业和个人的成功！"曾任IBM大中华区董事长兼首席执行总裁的周伟焜认为："企业成败，三分在战略，七分在执行。"那么，执行力到底是什么呢？

所谓执行力就是执行战略、实现组织经营战略目标的能力。简单来说，执行力是指完成计划或任务的能力。"没有执行力，就没有竞争力"，执行力既是企业战略得以落实的关键，同时也是战胜竞争对手的关键。联智兴邦知识管理集团总裁姚予从感性角度对执行力进行了分析，他用乒乓球运动中的"快、准、狠"形象地概括了执行力的要素。其中，"快"是指执行的速度，强调迅速行动，把握时机；"准"是指执行的尺度，强调准确定位，主动出击；"狠"是指执行的力度，强调果断出手，立竿见影。

在打造企业执行力或团队执行力时，通常需要注意以下几个方面的问题：

### （一）了解企业和员工

人是企业的核心资源，是企业发展的关键。作为一名企业家，不仅要对企业的资源、能力和未来的发展有一个清晰的认识，而且要关注员工的需求和想法，以及工作的进展和目标的实现情况。值得注意的是，很多企业管理者或领导者只是向基层员工下达命令和任务，即下行沟通，而根本不顾及或漠视基层员工的意见和想法，即缺乏上行沟通。"不在沉默中爆发，就在沉默中灭亡"，富士康就是一个很好的例子。据调查，富士康接二连三的"跳楼事件"与公司沟通机制的闭塞有很大关系，这不单严重地影响了企业的声誉，也不利于企业的健康、可持续发展。因此，企业家应该坚持不懈地拓展沟通渠道，深入基层，与员工进行坦率、真诚的沟通，了解真实的信息。

### （二）面对现实

面对现实、实事求是是执行力的核心。这里的"面对现实"主要体现在以下两个方面：一是任何一项行动或方案的执行都必须基于组织的真实情况，脚踏实地认真地去做，而不能好高骛远、脱离现实，否则只能是纸上谈兵，没有任何实际意义；二是企业家或领导者在坏的事情发生后，应该接受现实，分析原因，找出问题的解决方案，而不是一味地逃避现实或追究责任。很多下属怕遭受上级的惩罚或指责，宁愿隐瞒事实，虚报信息，或者报喜不报忧。这通常会导致问题隐藏越来越深，扩大问题的影响范围和企业的损失，对事情的解决是十分不利的。

### （三）跟踪目标，解决问题

企业家的任务不只是制订计划、将计划分配下去就完事了，还应该进行跟踪。跟踪目标的执行情况是提高执行力的重要手段。计划的实施与否、进度如何，领导者必须进行跟踪，这不仅起到一个监督的作用，同时对实施过程中出现的新问题或障碍及时进行反馈、解决，确保目标的顺利实现，并且实施后要检查确认结果，设定周期。

在进行工作跟踪时要讲究一定的方法，如设计一个工作跟踪表格对跟踪的情况进行记录，以便总结经验；可以采取日常检查与抽查相结合的形式，切忌跟踪工作"半途而废"；对于关键的步骤和工艺要特别注意；领导者在进行跟踪时一定要关心员工，不能以惩罚的心态进行跟踪工作。

### （四）奖优罚劣

"奖优罚劣"是一种常见的激励手段，是指做得好就给予一定的奖励，做得太差就给予一定的惩罚，这样给员工一种无形的鞭策力，激励他们积极向上、努力工作。如果在企业里希望建立起良好的执行力文化，如果希望员工能达成既定的目标，甚至超越目标，就必须将薪酬政策与绩效联系起来。值得注意的是，研究表明奖励会比惩罚的长期效果要更好。因此，企业家在对员工进行激励时，尽量用正激励，即加大优秀员工的奖赏力度，使优秀员工与普通员工的薪酬拉开距离，从而形成一种企业内部良性竞争的局面。

### （五）让员工成长

一个组织的执行力取决于企业家和组织成员的执行能力，但这种能力并非是稳定不变的，而是要随着组织内外环境的变换而不断变化的。所以，一个组织想拥有持久的强的执行力，就离不开组织成员的持续学习。那么，组织如何给员工提供一个好的学习机会？一方面，在工作过程中，企业家应该指导员工工作方法和技巧，帮助员工解决实际的问题；另一方面，在工作之余，企业应该给员工提供培训或教育，系统地提高员工的技能和素质。这样就可以让员工的成长带动企业的成长。

### （六）了解自我

"知己知彼，才能百战不殆"，只有在了解自我的前提下，才能扬长避短，充分发挥自身的优点和长处。情感与执行力有很大的关系。作为一名执行型企业家必须有一定的情感强度，即要有坚强的性格。只有具备了一定的情感强度后，才有勇气面对现实，接受不同意见，对事物作出正确的判断；才有勇气对业绩差的人作出处理，捍卫自己的信念，直到最后的胜利。除了情感强度外，情感智力也与执行力有较大的关系，企业家要对自身的情感智力有个清晰的认识，明确自己的优缺点。

## 二、构建执行力文化

当今时代，企业文化对企业的发展兴衰起着重要的作用，甚至可以说，企业的竞争就是文化的竞争。企业文化对企业的兴衰成败将发挥越来越重要的作用，在某种程度上，企业的竞争就是文化的竞争。企业文化就是企业成员所共享的价值观、信念和行为规范的总和，它体现在生产、管理、经营的全过程。要想企业具有执行力，就必须在企业内部建立一种执行力文化。执行力文化是指保障组织成员有效执行所共享的价值观、信念和行为规范的综合，是组织文化中的一种。卓越的执行力文化是企业保持持续竞争力的关键。那么，如何构建有效的执行力文化呢？一般而言，执行力文化的构建包括如下几个方面（见图 4-2）：

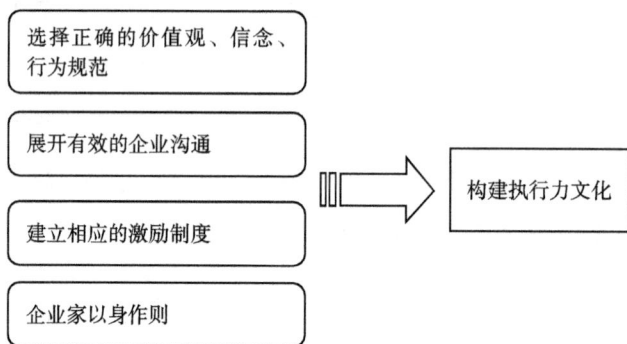

图 4-2　执行力文化构建

### （一）选择正确的价值观、信念、行为规范

组织文化不仅影响着组织整体与员工个体行为的方向，而且支配着他们的价值观、信念和行为规范。价值观是指企业决策者对企业性质、目标、经营方式的取向作出的选择，是员工所接受的共同观念，是长期积淀的产物。企业价值观能把企业员工从精神上紧密联系在一起，增进员工之间的情谊，从而统一组织的目标和行动，规范企业文化制度。价值观是组织文化的根本，组织文化的建设需要建立在企业价值观的基础上，有什么样的价值观就形成什么样的组织，所以企业家必须构建正确的价值观来引导企业的活动。如"尊重个人，全情投入，深入调

研，挑战卓越"是真功夫的价值观，北大方正的核心价值观是"爱心创造和谐、理性铸就成长、创新改变命运、激情成就梦想"。

信念是一种理性的信仰。企业的价值观为企业员工提供了一种共同的信仰，为企业提供了一种信念。换句话说，信念是价值观的一种传播，只有当抽象价值观变成一种通俗易懂的信念、信条时，价值观才容易被员工所理解和接受。因而树立良好的信念对构建执行力文化也有重大意义。

明确了企业的价值观和信念以后，如果不将这种形态意识加以转换，使其为组织的行动服务，再好的价值观和信念都是纸上谈兵。所以企业在建立执行力文化时，要对各种组织和员工的行为进行规范和引导。

## （二）展开有效的企业沟通

建立执行力文化，还必须在企业内部展开交流和沟通。在日常工作中，组织员工必须了解企业家或领导者的目标和政策，以便演变成他们工作的蓝图。企业家必须发出清晰的指示，让下属根据他们的指令行事。同时，下属的困难或意见也能够下情上达。总而言之，有效的沟通可以令企业家办起事来上情下达，避免由不当的沟通导致的误传或误解。另外，在进行沟通时，一定要本着坦白、诚实、求真的态度，确保所传递信息的真实可靠性，这样才有利于决策者最后做出正确的抉择。

## （三）建立相应的激励制度

要在企业内建立执行力文化，必须将绩效与薪酬挂钩，使员工获得的薪酬与其贡献成正比。通过奖励有优秀工作业绩的员工，表彰具有优秀执行力的员工，使员工的行为朝着企业家设定的目标和愿景前进，从而在企业内部逐渐形成一种企业家想要的执行力文化。

## （四）企业家以身作则

在建立执行力文化时，企业家自身的行为非常重要。在一定程度上，企业家的行为就是企业行为的标杆，是组织员工学习的典范。企业家必须亲力亲为，身体力行，对工作全身心地投入。唯有如此，才能影响所有员工的行为方式朝企业所希望的方向转变。

## 三、执行力的组织流程设计

建设有执行力的组织，是企业家在企业创业时期成功经营的关键。对于执行力组织的设计，主要有以下流程（见图4-3）：

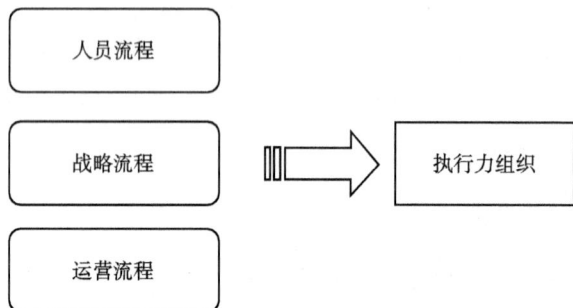

**图4-3　执行力组织的设计流程**

### （一）人员流程

通常来讲，企业有三大资源，即人、财、物，其中人是企业的核心资源，所以要建立执行力组织，就必须重构人员流程，使之着眼于企业的未来。人员流程是指领导者发现和识别人才、选择人才、培养人才、使用人才的过程，其主要目的是更好地实现企业的目标。对于人员问题，要以较强的执行力为标准，选拔合适的人到适合的岗位上，锻炼员工的执行力。

### （二）战略流程

战略决定了企业发展的方向，是员工的行动纲领，它不是简单的数字堆砌，而应是一份详细的行动指南，主要说明为了实现目标要如何配置资源、实施何种措施。所谓"说起来容易，做起来难"，战略也是如此。制定战略容易，但是实施起来就会遇到各种各样的问题和困难，然而实施的困难度与战略计划直接相关。在制定战略时，企业家应该结合企业自身的运营流程和人员流程，根据运营流程和人员流程的特点，合理地制定企业的战略目标。就企业战略而言，任何一个战略都是企业家通过对外部环境和内在资源的通盘考虑而制定的，在此过程中要注意取长补短，发挥优势，打造核心竞争力。

### （三）运营流程

运营流程也是企业是否具有好的执行力的一个重要体现。一般来讲，企业的运营流程包括运营计划、运营组织、运营管理、运营执行、运营评估和运营反馈等过程，运营计划要符合企业的战略目标，运营组织、运营管理和运营执行等需要企业人员的配合。所以，运营流程的顺利进行离不开组织人员的支持，也离不开战略的指导，一个企业的运营流程是循序渐进、有章可循的，说明它的组织具备较好的执行力，足以处理突发的问题。另外，在运营流程中，还会涉及企业利益相关者的管理，如果没有处理好这种关系，很容易使企业陷入困境。可以这样说，企业的运营流程就好比通过一条管道来输送资源，当管道中的某处堵塞时，就会影响到资源流动的顺畅性。

总而言之，企业家在对执行力组织的流程进行设计时，首先要有一个明确的目标，这个目标是与企业的战略目标相一致的，然后在流程设计的过程中，要充分认识到本企业或组织的人员的特点，即与人员流程结合，最后在实施组织的执行力时，要清楚地认识本企业的运营流程。简而言之，在设计执行力组织时，要注意充分结合战略流程、人员流程和运营流程三个方面的结合。

## 【案例 4-2】

### 执行力的应用

汪萌刚被任命为公司企划部经理，新官上任三把火，她决定策划一个全国巡回展销会，于是她召集了策划部部门会议，把各项工作分配下去。结果一个月下来，汪萌身心俱疲，自己做了很多下属的工作不说，工作还做得一塌糊涂。是不是自己的下属执行力太差了呢？

汪萌冷静下来，总结了目前的问题主要有以下几个：有些人事事请示，这样一个人可以自主去做的事就变成两个人做；一些事情难度比较大，干事的人就只挑容易的做，剩下的活就搁浅了；虽然大家也知道工作效率很低，但总是强调自己已经花费了很多时间和心思，只重过程不重结果；没交代明白的事情就让下属员工去做，而且又缺乏必要的监督，这也是团队执行力差的一个原因。

这种情况长期下去，会在组织内部形成人浮于事的不良工作风气。汪萌认识到问题的严重性，于是给自己制订了工作计划与要求：

1. 加强沟通管理

一方面要注意与高层领导的沟通。中层领导与高层的充分沟通，能减少工作内容信息的流失，使中层管理者完全理解任务的目标，可以避免执行中出现左右为难的情况，还能减少事事请示的现象。高管与中管在必要的时候可共同制订方案，用目标管理的方法，增强双方共识，有助于加强执行力度。另一方面管理者与下属员工的沟通也很重要，工作要制订明确的目标和计划，做好人员配置和责任分配的工作，使下属充分了解自己在工作中的位置。并且要加强监督和项目控制的力度，适当采取必要的控制措施，另外适当地放权、授权也能给下属发挥潜质的机会，中层管理者要把主要工作放在协调管理上。

2. 制订周详的计划

工作执行前要制订周全、详细的计划，使下属认清共同的目标，各司其职。要分清轻重缓急，先解决难度高并且紧急的事务，再解决较简单琐碎和不紧急的事务，汪萌本人作为管理者，更要把时间管理得井井有条，先把自己的宏观调控工作和应急管理工作做好，下属做起事情就会水到渠成。

3. 要适时调整资源

在一项任务中，其内外部环境是不断变化的，所以需要适时地调整资源。比如说，如果发现执行人很可能完成不了任务，要赶紧换人或派人协助；如果钱、时间等资源不够，都要及时调配。

4. 营造良好的工作氛围

让执行力文化成为团队文化的一部分，营造一种积极向上、不拖延、不逃避责任的工作氛围。领导在团队中要起带头作用，所以汪萌此后要从自身的工作抓起，为下属做一个好榜样，激励员工养成凡事提前做好准备、有序进行、不拖泥带水的习惯。

全新的计划制定出来后，汪萌在会议上把它说出来与大家一起讨论。大家也开始反思过去工作中的不足，为了配合新一轮的工作，都向汪萌提交了自己的工作计划。果然，之后的工作开展起来顺利了很多，团队内部的沟通也顺畅了。汪萌主持的巡回展销会进行得非常成功。

企业是不断发展的，企业的管理体系本身也是动态的、不断发展的，需要领导者不断地调整思路并改进工作方法，营造良好的执行力文化，使自己的执行力和下属的执行力不断提高。

资料来源：http://hi.baidu.com/wxjuncn/blog/item/2e926fb45a3912788ad4b2ac.html.

## 本章小结

处于企业创业期，企业家精神着重于洞察力、专业力、执行力。洞察力是基础，专业力是重点，执行力是保证。创业初期，多数企业都是摸着石头过河，企业家面临着一系列问题：企业如何定位，产品如何定位，怎样迅速提升产业能力，怎样获得资金、人才，等等。这个时候企业多数采用聚焦战略，而企业家是战略的制定者和推行者，其创业能力直接关系到企业的生存和发展，因此企业家必须具备洞察力、专业力、执行力三种能力。

在企业创业期，企业家应具备以上三种能力，那在企业发展的下一阶段是否仍然保持不变？还是应具备其他的精神和素质呢？下一章主要介绍企业成长期企业家应具备的精神。

# 第五章 企业成长期的企业家精神

## 比尔·盖茨"回忆录"

比尔·盖茨有次在接受记者采访的时候，回忆起创立微软的经历，即使那段时光已经过去很久，在他记忆里还是那么深刻，每每想起都让他感觉很兴奋，每段花絮，不论是艰难的，还是繁忙的，现在想起来还是很有意思。

比尔·盖茨总结了微软成功的几个经验：一是公司具有远大的远景和明确的目标，并且他的团队自始至终都为这个目标坚定不移地奋斗。他说，"微软是保罗·艾伦（微软创始人之一）和我对于软件能变成什么样子的一个梦想——你可以从不同的硬件公司购买PC，但它们都运行同样的软件。这意味着计算机业的一场彻底重组。我们明白我们是在做一件重要的事。"他和保罗的目标非常明确，就是使计算机成为一种增强人类能力最有效的工具。

二是公司进展的步伐是一步一个脚印的，即便他们都很年轻，有远大的抱负，但对公司的规划还是很理智的，没有急于求成。公司刚建立的时候就在为长远的发展做筹备，管理工作很少强调短期利益，而更注重走得长远。例如，公司刚起步的时候盖茨并没有上市的打算，也没想到自己会挣大钱，他认为这件事要几十年地做下去，要公司变大只能一步一步走，没有捷径。

三是专业的团队。盖茨一直以他的员工为傲。他曾说，如果把他顶尖的20个人才挖走，那么微软会变成一家无足轻重的公司。微软的员工管理是无等级层次之分的。公司还非常注重团队管理，使团队拥有强大的凝聚力。盖茨承认年轻的时候会希望他的员工是全能型的，可以在公司需要的时候做到跨专业的事情，后来慢慢发现，其实优秀的员工应该术业有专攻，即使他无法应付一个全新的领域，只要掌握一技之长就能立于不败之地。

资料来源：刘志阳主编. 创业学 [M]. 上海：格致出版社，上海人民出版社，2008.

**【案例启示】** 微软的创业道路并不是一帆风顺的，但盖茨和他的同事们一开始就做好了充分的思想准备。即使现在微软已经成为行业巨头，比尔·盖茨也没想过停止他的工作，他说："要是我们造出了完美无缺的个人电脑，那我接下来还有什么可做呢？"到今天，比尔·盖茨还怀揣着年轻时的梦想，正走在实现目标的路上。

---

**本章您将了解到：**

● 创业决策分析及选择

● 人才和团队的管理

● 组织的设计、构建和管理

---

# 第一节　决策力

思路决定出路，布局决定结局。

——牛根生

## 一、企业成长期的战略思维能力

### （一）战略思维的内涵

创业企业在其成长期时，会逐渐形成自己的运营模式。但是随着企业内外环境变化速度的加快，企业家需要有更强的战略决策能力。在进行战略决策时，企业家往往需要综合考虑各种环境因素的变化，如科学技术的更新、市场的变化、新政策的施行、人口分布模式的改变等，同时还要关注竞争对手、顾客等利益相关者的动态。这些都对企业家的战略思维能力提出了更高的要求。

战略思维是关于实践活动的全局性思维。战略思维能力包括战略洞察与战略判断能力、战略分析与质量综合能力、战略预见与战略创新能力、战略统筹与决策能力。这些能力相互配合、相互补充。

**（二）企业家战略思维的类型**

一般而言，企业家的战略思维类型有如下几种：

**1. 市场导向**

企业的目标是顾客价值最大化，而不是利润最大化，而有了前者，才会"双赢"。

**2. 目标集中**

把企业的有效资源集中在解决目标客户群的问题上。

**3. 发挥优势**

集中精力发挥企业的竞争优势，尽量变劣势为优势。

**4. 化无形为有形**

将企业的无形资源变成"有形"的财富，从而提高企业的价值，强化企业的核心竞争力，加快企业的发展。

**5. 坚持不懈**

成功并不是一蹴而就的，目标正确，就要坚持不懈。

**6. 不断创新**

创新是企业活力的源泉，是企业发展的动力。

## 二、形势分析

形势主要指外部环境，对外部环境的分析主要分为三部分：分析行业或战略群体；相关信息情报活动；对信息情报进行组织。

### （一）分析战略群体

战略群体是指一群拥有类似战略的竞争者，它们之间的正面竞争比行业内其他厂商的竞争要激烈得多。它们在概念上是同一个群体，但实际上并不属于任何一个正式群体。

各行业在战略相似性方面的差别很大。有的行业各企业间的战略基本相同，可以把该行业的所有竞争者作为一个战略群体；而另外一些行业是异质的，由多个战略群体组成，把这些群体放在一起分析是不合适的。

战略群体可以从不同维度的组合方式来归类，一般可以通过企业的规模大小、市场范围、行业特色、区域大小、产业链等标准来进行划分。如果只站在一个角度分析战略群体，那么得出的结论不足以说明该战略群体的特征，所以要想全面而深刻地分析战略群体，就必须从不同的战略维度来定义。战略群体的最大特征就在于其战略的相似性，了解了战略群体的特征就掌握了群体中个体的主要方向，然后根据需要针对不同的个体进行详细具体的分析。

### （二）收集情报

竞争情报是指战略制定中关于一个公司竞争环境的信息。这类情报一般有：描述竞争环境，为制定战略提供依据，为战略实施提供保证；鉴别为竞争环境所做的假设；预测竞争环境的发展趋势；识别并弥补竞争缺陷；说明何时要终止战略；说明何时何种情况下要调整战略。

信息情报的来源通常是：

#### 1. 员工收集的

这是竞争情报最主要的来源。一般行业的销售人员都与竞争企业的同行有较多接触，所以他们经常是首先掌握竞争对手动态的人。其他员工也会从商业展览和行业会议中带来信息。

#### 2. 互联网

如今，互联网是人们获取信息最重要的渠道之一，而且互联网上的信息更新速度很快，人们能够及时地从上面获取到最新的信息。

3. 政府

从政府部门可以获取其他企业的财务数据等资料，同时可以及时地了解政治动向，预测新政策对企业的影响，以及企业未来的发展方向。

4. 数据库

数百家数据库涵盖了从并购重组到商业研发的各个领域。

5. 顾客和供应商

除非有保密协议，否则他们会乐意对你所属行业的动向提出宝贵的意见。

6. 竞争对手

公开接触竞争者，与其交流想法。

### （三）组织信息

有效处理复杂环境的管理方法之一就是进行方案设计。方案是指公司应对未来环境变化的方法。方案能处理在环境分析中会碰到的两极挑战并改进战略实施过程。它试着提供一系列完全不同却又能相互替代的对未来的预期，帮助决策者应对不确定性。

制定方案要遵循的原则有：不只是关注可控问题；积极找出相对立的观点；进行方案的可行性分析；不要过分纠缠细节。

## 三、决策选择

### （一）彼得·德鲁克的决策六步骤

美国管理大师彼得·德鲁克认为有效决策一般有如下步骤（见图 5-1）：[①]

| 问题分类 | 问题定义 | 明确问题的限定条件 | 确定决策的正确性 | 制定实施措施 | 评估效果 |

图 5-1　决策六步骤

---

[①] 彼得·德鲁克. 创新与企业家精神 [M]. 北京：清华大学出版社，2007.

**1. 问题分类**

一般企业决策中的问题可以划分为四大类：

（1）普遍性问题，多数问题都可以归为此类。此类问题多通过表面事件表现出来，但是如果仅仅就事论事，而不去追究问题的根源，不仅问题得不到根治，而且会浪费大量的时间和金钱。解决普遍性问题要制定解决程序和规则，然后结合实际调整，从而达到解决问题的目的。

（2）对当事人来说是新的、独一无二的，但是曾经在企业出现过，也同样具有普遍性。这类问题往往需要借鉴他人的先前经验。

（3）独一无二的问题，很少出现，没有先例可循，必须单独处理。

（4）隐藏的新的普遍情况，需要建立新的规则和程序解决，不能将其归为意外事件。

**2. 问题定义**

进一步搞清楚真实情况，确定哪些因素与之相关。明确问题定义对于企业的战略规划有很大的指导意义，只有先弄清楚问题的现状，分析其中原因，才能进一步计划和执行。如目标市场、目标群体的定位就是一个问题的定义过程。如某公司推出了一种进口冻鸡肉，原来的销售渠道主要包括商场、超市、肉菜综合市场等，但销量较低，也一直没有增长。于是公司做了市场调研，发现原来冻鸡肉在市场上的主要消费群体是家庭主妇，她们虽然对冻鸡肉的质量有较高的要求，但该公司的冻鸡肉价格比零售市场的很多品种稍贵，再加上零售市场挑选范围广，该公司的冻鸡肉自然不受到家庭主妇的青睐。另外，公司又对其他消费群体做了调研，发现他们对冻鸡肉价格敏感度低于家庭主妇，而且对产品的质量要求更高，于是该公司最后决定把饮食业作为目标市场。

**3. 明确问题的限定条件**

明确解决问题、作出决策所要达到的效果和目标，有若干个目标的，目标不能相互矛盾。另外，如果在决策过程中，限定条件发生变化，要根据条件和环境的变化而调整决策。若实际情况出入很大，则需从长计议。

#### 4. 确定决策的正确性

很多管理者都有个通病，就是在做决策时更偏向于考虑"什么样的决策才会被接受"，并花了很多时间跟心思组织会议、参加会议，最后发现不管做什么样的决定都有人反对。这种做法虽然体现了民主性，但把决策的正确性建立在员工的个人感受上，容易陷入本末倒置的误区。正确的做法是，管理层先依据公司的战略计划作出正确的决策，然后再采取折中的办法让大家接受。

#### 5. 制定实施措施

制定好决策之后就进入实施阶段，实施中注意：一要采取有效的管理手段，使责任落实到个人；二是任务的执行者必须具有相应的执行力。为了确保实施的效果，要定期对执行者进行绩效考核，有必要的话要对考核的方式、方法以及奖惩措施及时进行调整，以衡量执行者任务完成的程度和力度。

#### 6. 评估效果

评估是保证决策执行效果必不可少的措施。通过对绩效的监督、检查、控制和评价，决策主体可以判断决策执行效果与目标之间的偏差，并针对偏差的大小、原因采取切实的处理措施，缩短现实与目标之间的差距，以达到更好的效果。

### （二）西蒙的决策三步骤

诺贝尔经济学奖获得者西蒙认为，有效决策有如下三个步骤（见图5-2）：

图5-2　决策三步骤

#### 1. 在决策之前，全面寻找备选方案

所谓决策，是指在两个或两个以上的方案中综合比较作出选择。在决策前，备选方案是否全面在很大程度上影响了决策的效果。值得注意的是，备选方案并不是越多越好，因为备选方案的量过大会导致后期甄选的成本很高。

**2. 考察备选方案的可能结果**

在制订完各种备选方案之后，需要对每一种方案进行分析，考察其可能产生的结果。因为一旦作出决策，选定了方案，就必须承担这种结果的风险。

**3. 确定评估方案的准则**

在分析了备选方案之后，需要对各个备选方案进行比较，从中选择"最优"方案。那么，在评估方案的优劣之前，需要确定一套价值判断体系作为评估的准则。

## 四、提高决策水平

我们一般认为决策只有执行后才能知道正确与否。但实际上，完整的组织程序在一定程度上可以提高决策的正确度。

### （一）接受不同的意见

世界变幻纷纭，个人的知识、能力、经验、时间都是有限的，对客观事物的认识也经常是不全面的。因此善于倾听不同意见，是企业家必备的素质，也是企业家民主开放、集思广益的表现。在制订决策方案时，应该鼓励员工参与，充分发挥员工的才能和智慧。在选择决策方案时，企业家要支持建设性的冲突，同时设法达成决策人之间的共识和一致。总之，接受不同的意见，不仅可以从不同的角度对问题进行分析，而且有利于创新。

### （二）形成规范的决策过程

企业家还应该致力于建设规范的决策机制。

**1. 确定决策人员，尽早建立决策的核心**

决策者可以是固定的人选，但是更多时候要吸收更多层面的人员的不同意见。参与决策的人要符合以下条件：专业知识、实际实施者、个人忠诚度、决策者的差异性。可以通过培训、定期研讨、任人唯贤等办法，提高决策者的素质。另外，企业的重大决策一般由董事会作出，董事会根据需要设置决策机构，决定决策程序。

2. 形成决策的语境

一是结构性语境，由组织的报告系统、控制系统、激励系统构成；二是心理语境，由决策范围和行为规范构成。

3. 恰当的沟通方式

根据决策问题的性质，决策时可以让所有决策参与者畅所欲言，也可以控制引导参与者达成一致。

4. 控制决策的进程和内容

主要体现为：适时提出自己的观点；确定积极干预决策的尺度；在决策过程中扮演特殊的角色；达成决策。

## 【案例5-1】

### "可乐之王"争夺战

可口可乐自1886年创立以来都以它独特的品质称霸饮料行业，只有百事可乐这个强敌经过半个世纪的努力，终于与之平分市场。20世纪60年代是两家公司争夺市场的关键时期，百事可乐掀起了一场"百事新一代"的市场营销运动，将重点放在用户的需求上，做了长期占领市场的战略性决策——争取到不依赖可口可乐口味的新一代消费者。公司认为，与可口可乐争夺老顾客应该是很难的，不如赢得尚未养成习惯的目标群体。百事可乐的战略延续了二十多年，到1983年，公司将销售方针改为"新一代的选择"，并一直持续到20世纪90年代。百事可乐在广告上下的工夫是巨大的，它邀请了许多非常著名的明星做代言人，广告形式更是生动形象。1985年花费在广告上的费用估计有4.6亿美元，最终吸引了很多新一代的消费者。

此外，百事公司还在20世纪70年代掀起了"百事挑战"运动，让可口可乐的忠实顾客蒙着眼睛试喝百事可乐与可口可乐两种饮料，并观察他们喝的时候的反应。这些可口可乐的老顾客喝了以后有半数以上都表示更喜欢百事可乐。"百事挑战"运动直接挑衅了可口可乐，可口可乐终于坐不住了，宣布要改变沿用了99年之久的老配方，他们花了三年时间，耗巨资进行口味调查、实验研究和饮用试验，最后 55% 的人支持新配方，但另外还有很多人用抗议信、抗议电话的形式反对新配方的推出。可口可乐忽略了这个百年品牌在美国人心中的地位，对美国人来说，可口可乐不仅是一种饮料，更是美国文化的一种象征。公司高管意识到自己的决策失误了，迅速停止决策执行，才使可口可乐有惊无险。

直到今天，百事可乐与可口可乐的争夺战仍在持续着。可口可乐因为产品单一、观念陈旧，很多年以来一直裹足不前，而百事可乐还保持着"新一代年轻人"般的冲劲，眼看威胁到可口可乐的地位。管理层的重大决策关系到企业的存亡，因此在做决策时管理层必须收集各方面的信息，全面考虑，提高自己的决策水平。

资料来源：http://info.food.hc360.com/2005/12/28100065370.shtml.

# 第二节　人力资源力

创业要找最合适的人，不一定要找最成功的人！

——马云

在企业发展过程中，人才是第一资源。尤其是企业发展到成长期，单靠个人努力很难取得进一步发展，企业家需要培养下属，以增强整个团队的战斗力。

## 一、人才管理

### （一）骨干员工的管理

人才是企业成长壮大的保证，根据帕累托定律，企业家应该重点寻找、培养 20% 的骨干员工。

### 1. 骨干员工的含义

骨干员工是指对公司业务的展开、决策的制定影响最大的员工，他们是公司的基本组织力量，少了他们会影响团队的士气和企业的业绩。骨干员工通常在某些方面不可替代，但不可替代的员工与职位没有必然联系。如果某人职位较低，但工作做得很好，由于企业对其重视不够，结果致其辞职，企业不得不找两个人来完成其工作，那么该员工就是骨干员工，具有不可替代性。

### 2. 吸引、留住骨干员工

由于骨干员工的不可替代性，吸引和留住骨干员工就有了针对性。一方面可以避免对骨干员工的片面认识；另一方面可以使骨干员工体会到企业对其的重视，增强归属感。企业高层要分配更多的时间与骨干员工交流，激励骨干员工。

【拓展阅读】

#### 黄金台招贤

燕国国君燕昭王求贤若渴，一直想招揽人才，但都没有人来，把他急坏了。一天，智者郭隗求见，他跟燕昭王讲了这样的故事：曾经有个国君酷爱好马，他知道有一匹千里马，于是出千两黄金让人去买。那人到的时候千里马已经死了，但还是将马买了回来。不久，国民都知道国君爱马如痴的消息，有个养马人也为国君献出了三匹千里马。

讲到这里，郭隗又说："如果燕昭王您愿意招揽像我这样才疏学浅的人，势必很多智者义士会闻风而来。"燕昭王觉得有道理，于是拜郭隗，还为他建筑了宫殿。果然，天下义士纷纷前来为君献策，燕国最后成了一个富裕兴旺的国家，打败了齐国。

资料来源：http://paper.hbjjrb.com/html/2009-12/15/content_59238.htm.

### 3. 激励骨干员工的措施

（1）薪酬管理方面。骨干员工是企业的稀缺资源，他们直接影响着企业的发展。那么，如何吸引骨干人才、留住骨干人才？企业的薪酬体系在这方面发挥了关键的作用，尤其在我国的企业中。骨干人员的薪酬体系主要由基本薪酬、奖金和福利构成。由于骨干人员的重要性和稀缺性，所以在确定骨干人员的薪酬体系时应该将企业内部和外部多方面的因素都考虑进去。总体而言，骨干人才的薪酬要普遍高于其他的员工，甚至高于市场平均水平。

一般企业向骨干员工支付短期奖金，以对其在特定时间段（通常是一年）里的绩效进行奖励。也有采用长期奖金进行激励的，如股票期权在实施过程中也会向骨干员工倾斜，这对吸引和保留骨干员工的作用越来越大，针对骨干人员的持股计划通常被称为"金手铐"。

福利设计中有一部分是针对骨干人员的，这是因为保留这部分人员对企业是至关重要的。在骨干人员得到的各种福利中，退休福利是最大的一种。

（2）工作内容激励。根据赫茨伯格的双因素理论，激励因素对骨干员工有明显的激励作用。要提高员工的满意程度，就要赋予其更大的责任，安排具有挑战性的工作，增强其成就感。

**【拓展阅读】**

### 双因素理论

双因素理论又称激励因素——保健因素理论。保健因素包括公司政策、管理措施、监督、人际关系、物质工作条件、工资、福利等，当这些因素很好时只能消除员工的不满意，只有激励因素很好时员工才会产生更大的动力。而激励因素是指能满足个人实现自我需要的因素，包括成就、挑战性的工作、成长等。

工作内容激励的方式主要有三个：一是岗位轮换。也就是说，一个人过一段时间就换一个岗位，减少或避免对工作的厌倦情绪，同时有利于发掘员工潜能，实现人和岗位的最佳组合。二是工作扩大化。即增加工作内容，激发骨干员工对工作的兴趣。三是工作丰富化。即赋予骨干员工管理职位，增强其工作责任感。

### （二）知识型员工的管理

#### 1. 知识型员工的概念

知识型员工这一概念最早是由管理大师彼得·德鲁克于 1959 年在其著作《明天的里程碑》中提出来的，他认为知识型员工属于那种"主要靠掌握、运用符号和概念，利用知识或信息工作的人"。具体来说，知识型员工应该是这样一群人：从学历上来说，他们接受过较长时间的文化教育和专业训练，有较好的学习背景和专业素养；从劳动类型来说，主要从事脑力劳动而不是体力劳动；从思想上来说，他们具有独立性和创造性；从工作上来说，他们往往会利用已有知识进行创新性运作，实现其价值等。这些也是知识型员工与非知识型员工存在的主要不同之处。

#### 2. 知识型员工的特点

（1）自主性和创造性。这是知识型员工的基本特点，主要体现在：一方面，大多数知识型员工接受过系统的教育，掌握着特殊的专业知识和技能，因而他们有自己的一套思维方式，为拥有自主性和创造性打下了良好基础；另一方面，知识型员工的工作或岗位赋予他们完成任务所需的一定自主权利，为进一步发挥其自主性和创造性提供了平台和机会。简而言之，知识型员工渴望独立、创造性地完成有挑战性的工作，不甘心受制于人，喜欢宽松的工作环境和灵活的工作时间，偏好授权、激励和引导的管理风格。

（2）劳动过程难以监控，劳动成果难以衡量。由于知识型员工的工作大多属于脑力劳动，所以知识型员工还有个重要特点就是劳动过程难以监控、劳动成果难以衡量。劳动过程难以监控体现在知识型员工的工作产出在时间、内容、效果和效率上具有很大的不确定性，并且知识型员工的工作容易受思想情绪和外界环境条件的影响，所以管理者对其工作过程的监督管理较难实现。劳动成果难以衡量主要体现在：一是知识型员工的劳动成果的多样性，如思维、创新、创意、想法等，这使得企业难以制定一个统一的标准来加以衡量；二是知识型员工的劳动成果往往是集体或团队智慧的结晶，难以具体衡量每一个人的贡献，因而评估起来十分困难。

（3）较高的需求层次。马斯洛将人的需求分为五个层次：生理需要、安全需要、社交需要、尊重需要、自我实现需要（见图 5-3）。其中生理需要和安全需要属于低层次的需要，社交需要、尊重需要和自我实现需要属于高层次的需要。对大多知识型员工而言，其低层次的需求已经得到满足，主要看重的是高层次的尊重需要和自我实现需要，即他们也注重他人、组织和社会的评价，期望得到他人的认可和尊重；同时，他们追求工作的意义，并通过工作自身寻求满足感和成就感。

（4）较强的成就动机。与非知识型员工相比，知识型员工的成就动机较强。知识型员工普遍个人素质较高，视野开阔，他们视自己的才能和智慧为最具价值的资产，并有着强烈的求知欲和学习动机，渴望不断提升自己和完善自己，注重工作中的个人成长机会和发展空间，希望在自己的专业领域不断进步并有所作为。

（5）流动意愿强。知识型员工的流动意愿强主要是基于两个方面的条件：一是在竞争日益激烈的知识经济时代，知识资本已取代物质资本成为第一资本。而知识型员工作为知识的载体，他们比普通员工具有更大的职业选择权，这为知识型员工的流动提供了有利的条件。二是大多知识型员工关注的不是工作的稳定性，而是工作的挑战性以及个人职业生涯的发展。他们往往会因为对自我发展前

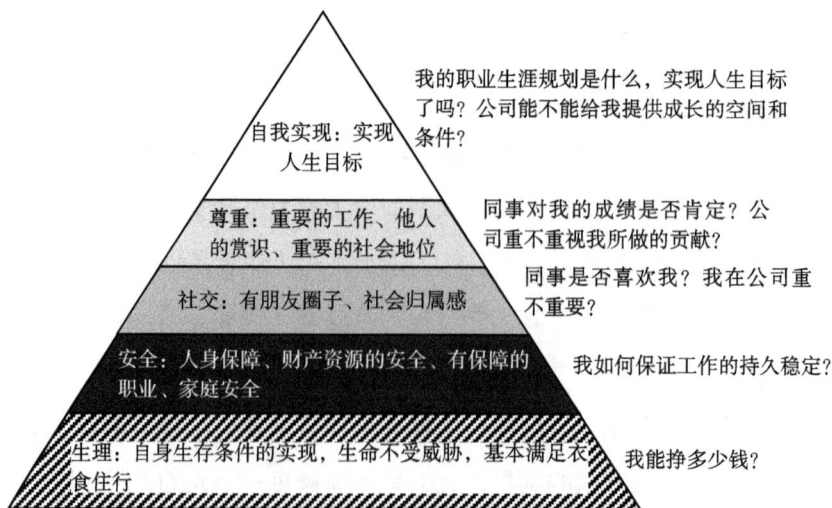

图 5-3 马斯洛的需求层次理论对员工需求的分析

景的追求而跳槽到另一个能够满足其需求的企业。换句话说，知识型员工是忠于自己的专业而不是雇主。

### 3. 知识型员工的管理策略

基于知识型员工的特点，应采取如下管理策略：

（1）提供一种自主的工作环境，有利于知识型员工工作的创新。知识型员工主要从事思维性工作，更倾向独立思考和自主设计，并且他们往往对自我价值的实现有更高的追求，工作上喜欢寻找刺激，所以舒适的、宽松的工作环境对激发知识型员工的思想有很大作用。

（2）实行弹性工作制，使工作方式更加灵活多样。不硬性规定每个人或每个项目组什么时候应完成多少工作，而是定期公示其工作进度。

（3）强调以人为本，实行分散式管理。实行人本管理的关键是参与管理，赋予员工或职能团队拥有决策权，承担更大的责任。

（4）重视知识型员工的个体成长和发展。根据知识型员工更为重视尊重需要、自我实现需要的特点，针对性地为知识型员工提供培训、晋升、有挑战性的工作机会。

## 二、团队管理

近年来，团队越来越多地出现在企业内部和企业之间，团队的大量出现从根本上改变了组织的构造和运作方式。

### （一）团队的特点

团队是为了实现某一目标而相互协作的个体组成的正式群体，团队的成员共同努力，会产生积极的协同作用，使团队绩效水平大于个体之和。

团队具有的特点是：至少有两个或以上的人；规模有限，成员相互了解，并且相互影响；成员间相互依赖；在实践上有一定的延续性。

### （二）高效团队的建设

高效团队通常具有这样几个特点：明确的团队目标、优秀的团队领导、充分的沟通交流和团结精神。故培养一支好的队伍可以从如下几个方面入手：

### 1. 明确团队目标

目标就是团队需要完成的工作任务。目标确立应该遵循 SMART 原则，即明确的（Specific）、可衡量的（Measurable）、可接受的（Agreement）、可实现的（Realities）和有期限的（Timed）。明确的目标是团队日常管理中的行动指南，是团队的前进方向和动力，同时也是打造一个高效能团队的前提和基础。

### 2. 提高团队领导

团队领导就是带领团队成员去实现团队目标，它是一个团队成败的关键。在团队中，领导者首先是一个团队成员，然后才是一个领导者。因而，团队领导者在所有决策之前都应该首先站在团队成员的立场来思考问题和分析问题。蒙哥马利爵士认为："领导才能是把人们集结到一个共同目标下的能力和意志力，以及激励人们自信心的品德。"作为一个团队的领导者，他应该学会统筹资源和激励成员，因为他的绩效在很大程度上取决于整个团队的绩效，而这往往离不开团队成员的努力。

### 3. 加强团队沟通

团队沟通是构建高效团队的一个重要标志。团队沟通包括两种：团队成员之间的沟通（平行沟通）和团队领导与团队成员的沟通（上下沟通）。团队沟通的目的主要有：①保证信息的准确传递；②实现与其他成员的全力合作，在此过程中团队之间互相了解、关怀，增加成员间的感情和思想交流；③融会不同的思想，达成共识、使目标一致；④缓解冲突，消除矛盾，统一行动；⑤建设性地解决问题。在沟通时应该注意：沟通重要的不是信息的传递，关键在于对信息的理解。沟通不是单方面的，是双向的。当所有成员达成共识时，沟通才是有效的。①

### 4. 培育团队精神

团队精神是指团队成员共同的价值观、信念和行为准则，它代表了团队成员相互协作、共同完成目标的思想意识。团队精神主要体现在团队凝聚力、团队协

---

① 李欣，彭小海.钥匙：打造高效团队秘笈 [M].北京：机械工业出版社，2008.

作力、团队信任感和团队士气等方面。"团结就是力量",团队精神是一个高效团队的关键,是团队取得高绩效的灵魂。

## 【案例5-2】

## 星巴克咖啡如何组建高效团队

星巴克的员工团队建设是其维持品牌质量至关重要的手段,公司的员工管理文化是许多竞争者效仿不来的,是公司的竞争优势之一。星巴克鼓励平等快乐的工作方式,它一直致力于为员工打造除了家和工作场所以外的"第三去处"。很多企业都在强调投资回报率,但星巴克强调的是快乐回报。公司认为,只有雇员快乐,才能为顾客提供快乐的服务,这样顾客才会快乐,才会成为回头客。星巴克很注重团队建设,我们来看看它是如何创造平等快乐的团队合作文化的。

首先,星巴克的管理者,不论等级多高,都将自己视为和下属一样的员工,在星巴克的店里,领导与雇员们一起打扫卫生,做咖啡,洗杯子,甚至打扫卫生间,都是常有的事。其次,明确的分工是团队合作成功的重要因素,星巴克的分工是明确细致的,但雇员接受培训时需要掌握除自身工作以外的其他工作,以防某项工作人手不足可以帮忙,如当咖啡制作员忙不过来的时候,其他人如果自己分管的工作不算太忙,会去主动帮忙缓解紧张。最后,鼓励合作,所有星巴克的员工入职的前三个月都要到西雅图的星巴克总部培训,不是为了学做咖啡,而是团队建设,让员工接受并实践平等快乐的团队工作文化。培训时常常遇到的问题是不同国家的文化差异带来的沟通交流问题,因为每个民族的文化不同,有些讲求等级差异的国家可能一开始很难突破这一关。于是星巴克给每个员工都起了英文名,要求上下级之间直呼英文名而不是头衔。公司还制定奖励制度鼓励合作,让公司平等快乐工作的理念深入人心。

资料来源:http://www.chinacons.com/SuccessCase/5-49-7090901310000116/7100529320000020.html。

# 第三节  组织力

任何时候做任何事，订最好的计划，尽最大的努力，做最坏的准备。

**——李想**

随着企业到了成长期，企业规模逐渐扩大，原来的组织理念、组织结构、组织职能设计已不能适应组织的战略发展，此时提高组织力势在必行。

## 一、组织理念

### （一）尊重员工

在管理中，我们一直强调人本管理最重要的是做到"以人为本"，但是一些企业管理者往往把"人本"仅仅理解为把人作为企业的成本，把人力资源投入作为企业的成本，一再降低成本，而没有认识到：人力资本是企业的投入，他与货币资本一起共同作为股份，组成了股份制公司，忽视了对企业人力资源的合理开发和利用，正确的组织理念应该是将员工看做企业发展必不可少的资本和资源，正确对待人力资源，尊重员工，加强人力资源的保值升值，让人力资源实现科学的可持续发展。

尊重员工要从以下方面激励员工：

1. 尊重员工要让员工人格受到尊重

日本松下公司总裁松下幸之助经常对员工说："我做不到，但我知道你们能做到。"这非但没有影响到他的影响力及威信力，反而使员工觉得公司尊重员工意见、重视员工意见。在为公司广纳建议的同时，也让员工的自尊得到了充分尊重，增加了员工对企业的认知度、融合力，让员工感觉到上下亲如一家人，会以更努力的工作、更积极的态度来回报公司。

从松下幸之助身上我们可以发现马斯洛需求层次理论的影子。从马斯洛的需求层次理论的角度来看，任何人在满足了物质、安全和社交等需求之后，都有被尊重的需要，这也就是为什么他们的员工可以以更积极的态度来回报松下先生对他们的尊重。

**2. 尊重员工要做到尊重员工的建议**

很多企业管理者都提倡目标管理，但目标管理在企业中执行的情况往往并不尽如人意：员工没有做出真实承诺、员工不认可企业目标即员工同企业的目标并不一致（无论是公司目标正确，个人目标不一致抑或相反）、员工简单应付并不把自己的目标当做目标，这就造成了许多管理者满怀激情去创业，但员工充耳不闻。现代研究表明：员工的积极性与其对所参与项目的参与程度成正比。因此，我们要尊重员工的意见，提高他们的参与度，让员工自己管理自己，做企业的主人，从而提高组织效率，提升管理绩效。

**3. 尊重员工要做到尊重员工的职业生涯发展需要**

人力资源管理中提到职业生涯设计，对于企业员工来说，无论他们级别、学历、技能高低还是他们是不是有意识地去进行职业生涯设计，我们都应该对他们的职业发展需要给予充分的尊重，满足他们自我实现的需要，特别是那些高素质员工。企业管理者应该引导员工进行职业生涯设计，并了解员工的职业发展需求，通过人力资源管理给予他们指导，正确的自我定位，在遇到困难时帮助他们，从而在他们实现自我的道路上提高个人同企业的互相认知，提高员工对企业的参与度，从而促进企业积极性的持续提高。

**4. 尊重员工要尊重员工的辛勤劳动**

在这方面，企业可以借鉴海尔的经验。海尔在对员工的荣誉激励方面别具一格。他们直接用员工的名字命名他们不断改进的工作方式，如"晓玲扳手"、"云燕镜子"、"启明焊枪"、"李勇冰柜"等。这种以员工名字命名的操作法有二百余项。这就是对员工的劳动成果表示尊重的一种表现，能大大激发员工继续为企业效力和提高工作的创造性。

在企业管理中，员工人格和自我实现的需要表现得越来越重要，特别是对那些高素质员工，因此我们应该从这方面入手，合理利用现有的激励方式，不断创造出新的激励方式，让员工的自我实现不断得以满足，这样我们在白热化的市场竞争中，员工会以更积极的态度、更高的参与性来投身企业，从而提高员工的工作满意度和组织的绩效。

### （二）授权管理

#### 1. 授权的概念

授权是各个层次的管理者都必须掌握的一门技能，具体是指对管理者而言，其将自己的部分职权授予下属，使下属在职责允许范围内进行工作，但是要注意，授权不意味着放任自由，管理者也要为被授权者的工作结果负责，这是管理者责任感的重要体现。成功的管理者会通过适当的授权，在分担自己工作、提高自身工作效率的同时，也让下属充分发挥积极性，有效地完成任务。

#### 2. 授权的内容

管理者在授权过程中要起到主导作用，把握好授权的主要内容和基本原则，要有计划、有准备地授权给下属。授权一般包括任务的分配和权力的下放两种形式。任务分配即管理者将部分任务分派给下属，让下属独立完成；权力下放是指将权力授予下属，使之有权处理具体的某项任务，授予的权力随着任务的完成而消失。许多管理者容易陷入这样的误区：授权即是放弃这部分职权，将之转移到下属身上，其实授权只是因为工作需要暂时将任务或权力分散，不会夺取管理者的职权，授权终将随着项目或任务的完成而消失。并且在有必要的时候管理者还可以收回被授权者的权力，重新安排授权。所以授权不意味着放弃现有的权力，而是让渡权力，使下属能替自己分担工作，管理者能将注意力转向对项目进程的宏观调控上。

#### 3. 授权的方法

管理者必须在授权前建立一套完整的管理方法，对授权后可能产生的问题做出充分的准备，才能使授权行为得到有效的运作。有效的授权管理办法分为事前准备和事后监督。授权前的准备是授权的基础，通过这些准备，可以减轻事后的监督力度，同时授权后的监督也是必需的，这可以让管理者及时发现问题，掌握项目进度，防止重大事故的发生。

　　机会只会垂青于那些有准备的人，只有在授权前做好充分的准备，让下属在被授权前经常得到锻炼才能在授权后尽可能少出现问题。这种准备主要表现为：管理者在平时适当地给予下属独立承担工作的机会，并且随着他们能力的提高，逐渐给员工一些大的项目，适当地增加他们的责任和权力，切忌一口吃成个胖子，最终达到下属可以独当一面的效果，使员工有能力来解决授权后可能产生的问题。而授权后对下属的监督也很重要，不仅可以提高下属的效果，使员工同时由于管理者对项目负责，所以授权后的监督可以让项目顺利地进行，不至于出了问题再解决，产生不必要的麻烦。

## 【拓展阅读】

### 不要授权给"猴子"

　　国王非常喜爱他的猴子，常常把它带在身边。一次去御花园玩，国王累了，躺在花园里小憩，让他的嫔妃和侍卫全都退下，只留下猴子陪他。国王把宝剑交给猴子，说道："猴子啊，我现在睡一会儿，有谁要是打算对我不利，你就拿这宝剑保护我。"一会儿，一只蜜蜂飞了过来，落在国王头上，猴子很恼火，抽出宝剑向蜜蜂砍去，结果把国王的脑袋也给砍了下来。

　　这则故事告诉我们，作为管理者，授权要授给有能力承担责任的人，如故事中，国王将宝剑交给一只猴子，显然是错误的授权。另外，授权不是让手下人为所欲为，而要加以监督和约束，才能保证工作的进度和质量在自己的掌控之内，国王授权给了猴子，却没有留下侍卫看着猴子，最终酿成悲剧。

　　资料来源：http://home.51.com/weiweizhang1984/diary/item/10047026.html.

### （三）组织管理不断创新

#### 1. 组织创新的概念

组织创新是指组织根据外部环境的变化和组织内部的变动，及时地变革内部要素及其组合方式，使组织达到适应客观发展的要求。

引起组织创新的因素一般有：组织自身成长的需要，组织外部环境的改变，组织内部生产、技术、管理条件的变化以及领导层自身的变化等。进行组织创新，必须根据外部及内部环境的变化，对整个组织的结构进行创新性、开放性的设计，使其发生结构性的改变，但这种创新往往不以人的意志为转移，它是一个具有客观性的过程。

#### 2. 组织创新的内容

组织创新主要包含以下四个方面的内容：①对职位和部门进行调整，促使企业工作流程及信息传导发生创新即管理结构方面的变动；②根据组织创新的要求来重新划分组织的功能，重新设计所有的管理及组织活动即企业在功能体系方面的变动；③组织创新还包括管理人员的调动、责权利的重新划分和配置等管理体制方面的变动；④企业各种管理规章制度的改革等。

组织创新由于内外环境因素的变动，往往要经历比较长的过渡、转型时期，并不能很快就实现由旧结构到新结构的瞬间转换，对于企业领导者来说，要及时发现组织变革前的征兆，抓住时机，进行组织创新。对于企业来说，组织结构需要进行创新的征兆主要表现为：员工不满情绪增加、士气低落；政令传达速度慢、企业执行力降低；技术上缺乏创新，新产品推出效果往往一般；企业业绩下滑；各职能部门出现问题时互相推诿等。作为企业的领导者，此时应该及时分析出现这些征兆的原因，判断是否因为企业的组织结构，如果确实如此，领导者应该做出是否应该进行组织创新的决策。

#### 3. 组织创新的原则

组织创新作为一项计划性、组织性、系统性很强的组织变革工作，在管理中，我们必须遵循以下四点基本原则：

（1）前瞻性原则。组织创新应当使组织既可以适应当前的内外部环境，还应该适应未来的内外部环境的变化。

（2）计划性原则。在实施组织创新前，必须做好详细的规划。

（3）调整性原则。计划不如变化快，所以当知识、技术、工作程序、组织设计发生改变时，应该采取相应的措施，保障组织创新的进行。

（4）效率性原则。任何组织创新都是为了提高组织及个人的工作绩效，因此，在进行组织创新规划及实施过程中，必须时刻观察组织及个人的绩效改善程度，不断调整，使企业效益最大化。

## 二、组织设计

组织设计是以企业组织结构为核心的组织系统的整体设计工作。

### （一）组织设计的原则

#### 1. 目标性原则

组织的存在主要是为了实现企业的目标，因而组织设计应该立足于企业的目标，服务于企业的发展战略。当组织的设计与企业的目标相适应时，能促进企业的发展；相反，当组织设计与企业目标相违背时，则会阻碍企业的发展。总而言之，组织设计直接影响到企业目标的实现。

#### 2. 适应性原则

环境是组织成长的土壤，当环境发生变化时，组织就必须能够迅速地适应这种变化。因而，在进行组织设计时就应该注意组织的灵活性和弹性。值得注意的是，企业不能只是被动地接受和适应，而是应该主动出击，这便要求组织具有很强的创新能力。

#### 3. 均衡性原则

"短板理论"告诉我们：组织的强大与否不是由最长的那个决定的，而是取决于最短的那个。所以，在重新设计企业组织结构的时候，应该力求均衡。也就是说，对于那些职能较弱的部门，应采用合理切实的手段加以扶持、培养或合并，缩小与强大部门之间的差距。组织各部门、各层级要保持良好的沟通与配合，取长补短。总之进行组织结构设计时应牢记一句话：职能不能没有，岗位可以合并。

**【拓展阅读】**

### 短板理论

盛水的木桶是由许多块木板箍成的，盛水量也是由这些木板共同决定的。若其中一块木板很短，则此木桶的盛水量就被短板所限制。这块短板就成了这个木桶盛水量的"限制因素"（或称"短板效应"）。若要使此木桶盛水量增加，只有换掉短板或将短板加长才成。

#### 4. 重点原则

在进行企业组织结构设计时，要突出企业现阶段的重点工作和重点部门。随着企业的发展和环境的变迁，组织的任务内容也会发生变化，并且其难易程度也会有所不同，这就会影响组织目标的实现。所以企业在不同阶段中的重点工作和重点部门也会发生改变。

#### 5. 人本原则

人才是企业的重要资源，没有一定素质的团队，企业是无法驾驭一个高水平的组织结构的。所以，在进行组织设计时，不能忽视企业现有的人力资源以及其未来的发展趋势，同时应该尽量"以人为本"，做到人岗相适应、各尽其能。

#### 6. 强制原则

重新设计的组织结构必然会导致个别群体或个体利益的损失，所以往往会受到一些利益群体的反对和阻碍。一般而言，那些在企业中工作时间越长、年龄越大、对原先组织投入心血越多的管理者或员工往往会反对变革，因为一方面，变革会损害其既得利益，破坏该群体原先在组织中建立的人际关系网络；另一方面，变革也直接否定了该群体对原先组织的投入和心血，对其尊严和地位是一种挑战。当组织重新设计时，就不得不考虑这些群体和个人。对于这类人群首先采取积极的政策，如参与变革、逐步感化、思想工作等，若其制度影响到变革效果，则采取强制变革的方式。

**（二）成长期的组织结构类型**

一般组织成长期采用的结构类型有直线职能制、事业部制等。

1. 直线职能制

直线职能制组织结构（见图5-4），即把直线制与职能制结合起来，以直线制为基础，在各级经理或负责人之下设置相应的职能部门。各职能部门作为该直线经理的参谋，分别对各自的领域进行专业化管理，使经理统一指挥与职能部门参谋互相结合。直线职能制是目前大多数企业所采取的一种组织管理形态。

在直线职能制中，职能部门拟订的计划、方案以及有关指令，由直线经理批准下达；职能部门主要负责对相关的业务进行指导，对经理起到参谋作用，但没有权力直接下达命令，而要由各级直线经理逐级负责，所以这种组织形态具有高度集权的特点。

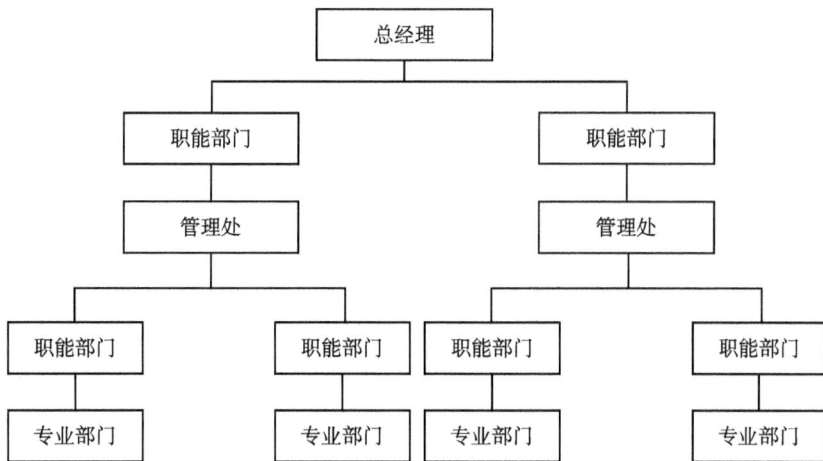

```
                    ┌──────────┐
                    │  总经理   │
                    └────┬─────┘
            ┌────────────┴────────────┐
      ┌─────┴─────┐              ┌─────┴─────┐
      │  职能部门  │              │  职能部门  │
      └─────┬─────┘              └─────┬─────┘
      ┌─────┴─────┐              ┌─────┴─────┐
      │  管理处    │              │  管理处    │
      └─────┬─────┘              └─────┬─────┘
      ┌─────┴─────┐              ┌─────┴─────┐
  ┌───┴───┐  ┌───┴───┐     ┌───┴───┐  ┌───┴───┐
  │职能部门│  │职能部门│     │职能部门│  │职能部门│
  └───┬───┘  └───┬───┘     └───┬───┘  └───┬───┘
  ┌───┴───┐  ┌───┴───┐     ┌───┴───┐  ┌───┴───┐
  │专业部门│  │专业部门│     │专业部门│  │专业部门│
  └───────┘  └───────┘     └───────┘  └───────┘
```

**图5-4　直线职能制**

2. 事业部制

事业部制结构（见图5-5），就是根据企业所经营的事业，按照产品、服务、地区、客户等不同来划分若干事业部，各事业部是在企业总体战略规划的宏观领导下实行独立经营、独立核算的独立单位。各事业部一方面听从高层管理的指挥，受公司控制，具有独立生产经营的能力和职责；另一方面也是产品责任单位，对本事业部的产品设计、生产制造及销售活动负有统一指挥的职能。如某家电企业，企业的总体战略规划由董事会及高层管理者统一指挥，下设电视机事业部、冰箱事业部、厨具小家电事业部等。这家企业即是以产品的不同来划分事业部的。

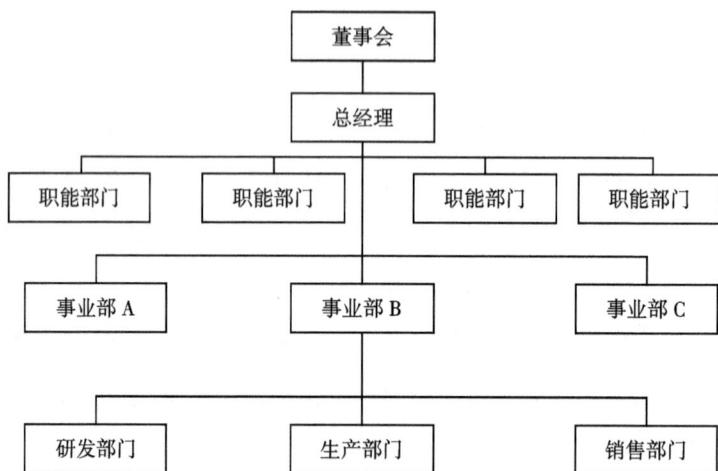

图 5-5 事业部制

事业部制的主要特点是：企业的高层领导与各事业部之间本着"集中政策、分散经营"的原则处理相互关系，企业的最高领导层从对日常的行政事务、业务的开展、具体运作的监督管理中解脱出来，将注意力转向对企业发展战略和经营方针的制定，而把管理权限最大限度地下放到各事业部，使它们能够根据企业的战略决策和目标独立解决问题、自主经营，这就达到充分发挥其积极性、创造性的效果。另外，各事业部均为企业的利润中心，实行独立核算。也就是说，各事业部之间可以实行如同市场经济体制一般的规则，相互竞争，从而促使各事业部努力进取。

在实行事业部制的组织结构时，为了实现集中控制下的分权，提高管理工作的经济性，企业仍要设置一些具体的职能部门，如技术开发部门、采购部门、公关部门、法律顾问等，以支持各事业部的工作。各事业部内部也仍然采用职能制的组织结构，各事业部下会设置研发、生产、销售、财务等职能部门，用于支持事业部内部的正常运作。到这里我们可以看出，与职能制结构相比，事业部制结构主要的区别在于企业最高层领导下的第一级部门是按照事业部进行划分的，而职能部结构是按职能部门划分的。

## 三、职能设计

职能设计就是对企业经营职能和管理职能的设计，其主要目的在于分工明确、责权清晰，从而提高组织的效率。而无论是企业的经营职能还是管理职能设计，都必须服从企业的战略和目标。

### （一）职能设计的目标

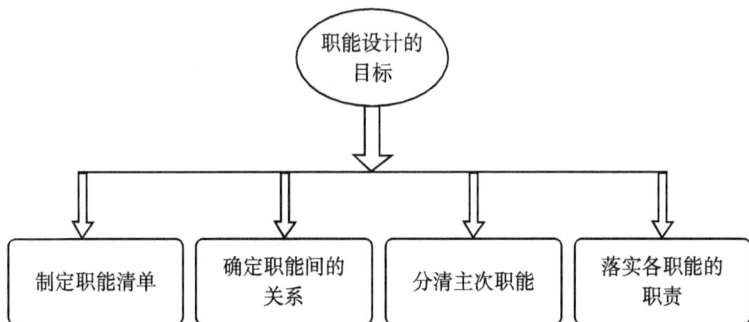

图 5-6　职能设计目标

1. 制定职能清单

根据企业的战略、运营模式等，明确企业中的所有工作，然后将这些工作分摊到不同的管理岗位上，并将相似工作项目划分为同一个管理职能下面。值得注意的是，在进行职能划分的时候，要避免职能的重叠。

2. 确定职能间的关系

一般情况下，职能之间存在三种关系：紧密联系、相互牵制、互不影响。对于紧密联系的职能，应该将其放于同一个管理部门下，这样有利于降低协调成本；对于相互牵制的职能，应该将其放于不同管理部门下，这样有利于相互监督；对于互不影响的职能，则可以根据不同的情况进行安排，这样有利于维持各部门的职能平等。

### 3. 分清主次职能

在组织中，并非所有的职能都对企业的发展起着决定性的作用。根据职能对企业战略目标实现的重要性，可以将其分为主要职能和辅助职能。相应地，承担主要职能的部门则是企业的重点部门，在组织结构中处于中心地位。在进行组织职能设计时，应该分清主次职能，只有这样才有利于组织结构之间的协调。

### 4. 落实各职能的职责

在进行职能设计的时候，职责这一问题也不能忽视。不过，职责的确定一般是要在明确了具体的职能对应的职位之后才能进行。另外，职责离不开权利，没有相应的权利，职责无法被承担，所以落实各职能的职责时，要注意权责平衡的问题。

### (二) 职能设计的内容

### 1. 职能分析

职能分析是指根据企业的具体情况，对组织工作中的全部职能进行调查和分析。通过职能分析可以明确企业中需要设定哪些职能、哪些职能是主要的、哪些职能是辅助的、职能所需具备哪些职责、部门之间是如何处理不同职能之间的关系等。职能分析通常有以下七种方法和途径：面谈法、观察法、问卷调查法、工作日志法、参与法、文献分析法、主管人员分析法。

### 2. 职能整理

所谓职能整理就是在职能分析的基础上，对具体的职能进行归纳和分析，在这个过程中，可以合并相同的职能、减少重叠的职能、增加空缺但对组织又有利的职能，并在归纳和分析的过程中发现存在的问题，然后解决这些问题。另外，通过职能整理与职能分析的结果进行对比，有利于识别职能结构中存在的不合理的地方。

### 3. 职能分解

职能分解就是在职能设计的基础上，将每一个职能分解为可操作的具体管理活动。一般而言，职能分解是采取逐级分解的方法。逐级分解通常可以将职能分为三个等级：一级职能是指组织工作中具体的职能；二级职能是在一级职能基础上开展的一些管理上的工作；三级职能就是指具体化的业务活动。只有通过职能分解，才能将组织的职能转换为具体的工作，使之能够执行和落实。另外，职能分解为后续的部门设计以及组织的其他设计工作提供了条件。也就是说，职能设计在组织设计中起着承上启下的作用，"上"是指企业的战略目标，"下"是指企业的组织结构框架。

## 【案例 5-3】

### 组织力的应用

泰勒提出的科学管理理论标志着管理学的诞生，至今已有 100 年。对于组织设计的问题，泰勒强调组织必须设置严格的组织等级来决定组织中的职责层次以及每个人的位置，才能保证明确清晰的分工和指挥链。这种管理思想在工业时代无疑是有效的，它促进了许多工厂和企业生产效率的大幅度提高。但是在第三产业盛行、人们个性突出、员工追求自我的今天，这种严格的组织等级制度还适用吗？彼得·圣吉给了处于 21 世纪的我们一个全新的指导思想——学习型组织。

学习型组织的一个典型应用就是美国通用电气公司。在过去的年代，通用电气公司也曾是组织结构严谨、等级森严的企业，其经营理念、管理模式几十年都没什么变化了。杰克·韦尔奇认识到这种僵硬的体系会导致公司失去活力，不能使公司再继续维持以前的高效率运作了。他下定决心构建一个思想和智慧超越传统和层级的学习型文化，重塑一个全新的通用。于是，韦尔奇带领他的团队，创造了学习型组织。他在上任不久后，就在会上提出了这个想法，他说："一个企业变成一个学习型组织，对于企业来说，要有这么一个核心理念，就是必须具备不断学习的欲望和能力；并且还要以最快的速度将所学的一切转化成行为的能力，竞争力就是如此提升的。"在这种组织模式的推动下，通用电气公司再次燃烧它的激情与活力，又展现出士气高昂、充满好奇的形象。公司的雇员永远保持着一种不断学习、探索未来、实现自我价值的状态，在工作中不断突破和创新。

资料来源：张声雄，姚国侃.《第五项修炼》实践案例 [M]. 上海：上海三联书店，2002.

## 本章小结

企业从创业期到成长期管理中心由"事"转为"人"。企业人力资源力决定了企业可持续发展的能力。企业在创业期会面临着战略模糊、团队成长失控、组织效率下降、成本上升、资源分散等问题。在这个阶段，企业家应本着实事求是的原则，转向以人为核心进行管理。这个阶段企业家更需具备决策能力、人力资源力和组织能力。

从以上两章可以看出，在企业创业期与企业成长期这两个阶段，企业家所应具备的关键素质和能力是不同的，那随着企业的发展，对企业家的能力和素质是否又有新的要求呢？下一章主要介绍企业成熟期企业家应具备的精神。

# 第六章　企业成熟期的企业家精神

## 华为的"狼性"文化

华为被商业界称为一匹勇猛无畏的土狼，公司的文化崇尚狼一般的奋斗精神。狼在动物的厮杀中总是奋不顾身，就连森林之王狮子也要对它敬畏三分。老总任正非一直引领企业学习狼的特性：敏锐的嗅觉、不屈不挠的舍命进攻以及群体奋斗精神。做企业也一样，一是有敏锐的洞察力，及时把握市场，预测行业走向，才能先发制人；二是在与竞争者的对阵中，抱着不惧怕的精神知难而上；三是注重团队建设与团队合作，靠组织的智慧和力量才能做大事。把商场看成战场，这就是华为能称霸市场的主要原因。

纵观华为的发展历程，就能了解为什么华为是一匹土狼。目前我国 IT 行业尚未成熟，外资企业显然在业内具有独特出众的优势，华为就在这种绝对劣势的情况下成长起来，凭着顽强的意志和不屈不挠的精神在市场上占领了一席之地。并且在与外资企业的对战中，华为常常以"集体战"的方式与比自己强大若干倍的对手作战，终于绝处逢生。这主要表现在以下几个方面：

一是华为的销售，销售是华为的主业。确定明确的目标，以整体力量向外攻击，靠各种有效手段争夺市场，这就是华为的生存手段。没有先进的武器和深奥的战术，仅仅靠对成功的渴望和无限的努力，这就是华为的狼性，也是它不可效仿的竞争力。二是研发。华为的技术研发团队具有兢兢业业、埋头苦干的精神。

从一点一滴做起，本着做深做细的原则，华为在技术上取得了一次次突破，最终在国内取得领先的位置。三是重视企业文化。任正非曾说："资源是会枯竭的，唯有文化才会生生不息。一切工业产品都是人类智慧创造的，华为没有可以依存的自然资源，唯有在人的头脑中挖掘出大油田、大森林、大煤矿……精神是可以转化成物质的，物质文明有利于巩固精神文明，我们坚持以精神文明促进物质文明的方针。这里的文化，不仅仅包含知识、技术、管理、情操……也包含了一切促进生产力发展的无形因素。"

资料来源：http://money.163.com/08/0226/17/45L43L9A002524TH_2.html.

**【案例启示】**华为能在国际竞争中跻身 500 强，最重要的原因是它将狼的三大特性深刻融入企业的核心文化中，塑造了一种独特的狼性文化，这是对手不可模仿的，也是难以超越的。企业能在创业期脱颖而出，在成长期大步向前，在成熟期依然保持遥遥领先的位置，其经验是值得学习和借鉴的。

---

**本章您将了解到：**

● 企业学习能力如何提高

● 领导力的内涵与培养

● 文化力的作用和建设

---

# 第一节　学习力

心智可以培养、加强和改善，而另一方面，思维则要么是与生俱来的，要么不是……你不一定能成为下一个杰夫·贝索斯（Amazon.com 的创始人），但是你可以不断完善自我。

——丽塔·冈瑟·麦格拉思

学习力就是学习的方法与技巧（并非是学到什么东西），有了这样的方法与技巧，学到知识后，就形成专业知识；学到如何执行的方法与技巧，就形成执行能力。所以说，学习能力是所有能力的基础。

学习能力在现在越来越受到企业界的重视，一个重要原因就是当今的世界，科学技术进步飞快，人们的思维和能力不断得到提升，企业的创新能力和实践能力都在提高，如果不提高企业的学习力，很快就会被市场淘汰。企业家肩负着重大的责任，只有不断提高自身的学习能力，争做"学习型"领导，才能更好地推动"学习型"企业的建设。

# 一、提高企业家自身的学习能力

## （一）提高学习力是企业家重要而紧迫的任务

提高学习能力是建设"学习型"企业的需要。在知识经济时代，企业的成功在很大程度上取决于其学习的能力，因而真正具有竞争力的企业是学习型企业。作为一名企业家，不仅要关注个人职业生涯的发展，更要关注企业未来的发展。因此，企业家首先要提高自身的学习能力，才能引导员工培养自主学习、不断创新的意识，从而实现学习型组织的建立。

提高学习力是企业家能力建设的重要内容。企业家要提高科学判断形势的能力，就必须掌握马克思主义基本原理，善于运用马克思主义的立场、观点、方法科学地分析和判断形势；要掌握基本的经济学知识，了解市场经济体制的运作规律；要培养和提高法律意识和素养，就必须熟悉法律法规，善于运用法律的手段解决现实问题；要培养宏观大局思维，提高处理复杂问题的能力和统筹规划的能力，这就要求企业家要掌握管理学的知识和规律，养成辩证的历史的思维和宏观思维的习惯。

## （二）企业家应切实增强学习意识

联合国教科文组织曾发出警告，"明天的文盲将不是目不识丁的人，而是不知道如何学习的人"。学习如逆水行舟，不进则退，人的一生都需要不断地学习，才能不断地进步和发展。

### 1. 应树立工作与学习相促进的意识

学习是干好工作的第一需要，也是履行好职责的必然要求。"落后就要挨打"，要进步，就要学习；要创新，必须学习；要发展，离不开学习。工作的过程就是一个实践的过程，知识的获得就是一个学习的过程。在实践中学习，在学习中实践，这样才能将知识应用到实践中去，才能不断地提高其学习能力。作为一名企业家，应该树立工作与学习相促进的意识，而不是一味地埋头苦干。

### 2. 应树立终身学习的理念

勤奋好学、终身学习，是中华民族的传统美德。在如今快速发展和变化的时代，企业家应树立终身学习的理念，不断提升自我、发展自我，为企业员工树立一个良好的榜样。

### （三）企业家提高学习能力的途径

#### 1. 完善企业知识管理系统，实现学习资源共享

知识管理是指以系统的方法发现、选择、组织、获取信息，并向需要知识的人传递有用的信息。一般而言，一个完整的知识管理系统包括知识库、知识应用、知识评审、人员管理四大部分。知识管理系统涵盖了企业经营管理的各个方面，如人力资源管理、生产管理、财务管理、创新管理等，有利于员工及时、准确地获取最新的信息，便于决策的制定。因此，有条件的企业应整合现有的学习资源，建立和完善知识管理系统，实现资源和信息的共享。

#### 2. 逐步完善学习培训体系，创新学习培训方法

当今时代，企业的竞争就是人才的竞争。一个企业员工素质的高低直接决定了该企业竞争能力的大小。现如今，大多数企业会就业务能力、专业知识和综合素养等一系列内容对员工进行培训，以提高企业员工的能力与素质。

值得注意的是，培训效果通常受到如下几个方面的影响：

（1）培训的方式。企业的培训方法可以有多种，如设立长期培训基地，将员工送到国外培训，加强同高校的合作，把专题培训与经常性培训结合起来，举办学习交流会，交流学习心得和体会等。

（2）领导的重视程度。一般而言，涉及组织变革等关乎企业未来发展的培训大多会受到领导的高度重视，因为参与培训的人员往往是公司的高管或领导层，而且培训投入的成本也高。

（3）培训人员的选定。培训的内容与培训人员的工作内容相关度高，并且针对性强，这样才能真正调动员工学习的积极性。否则，培训只会陷入一种形式，而不能得到很好的成效。

### 3. 要建立和完善科学的学习效果评价体系

学习之后，需要对其效果进行评价。科学的学习效果评价体系结合了各种评价内容、评价方法和评价主体等方面的内容，有利于改善和提高学习的效果，达到学习的目的。一般而言，我们可以从如下几个方面对学习效果评价体系进行改进和完善：①评价内容全面化，即从学员知识、能力和态度进行评价；②评价形式的多样化，实现"过程＋结果"的评价要求；③扩大评价主体，采取自评、互评、师评相结合。

### （四）企业家提高学习能力的内容

#### 1. 不断优化知识结构的能力

企业家首先要加强理论学习，夯实理论基础。学习现代经济、金融、生产经营管理、科技、法律、企业文化、思想政治工作等方面的知识，并把这些方面的学习同加深领会和灵活运用马克思主义理论紧密结合起来，从而使自己的知识结构更优化，知识体系更完善。系统的知识体系能够帮助企业家更好地进行管理工作，一个问题从不同的角度出发可能会有不同的解决方案，而且从不同的知识背景看问题也能更深刻地认识问题的本质，这样更有助于企业家选择最优的解决方案，或制定最优的决策，使企业长远发展。

#### 2. 以学促思的能力

学习与思考是相互关联、密不可分的认知过程。正如古人云，"学而不思则罔，思而不学则殆"。学习与思考是相辅相成的，学习知识是为了更好地思考问题的本质，通过思考问题也可以更加深入地了解知识的内涵。企业家要在勤奋学习的基础上，养成勤于思考的习惯，培养善于思考的能力。孔子云，"学而不思则罔"，只有将所学的知识与实际相联系，才可能领悟真理。在遇到问题的时候，灵活运用所学的知识，对问题进行理智的分析，剖析其中奥秘，在思考和实践的基础上形成新的想法和新的思路，不断提高自己应对困难的能力，更好地感知环境的变化，发现变化的本质，以便于更好地采取应对措施，使企业在激烈的竞争中脱颖而出。

### 3. 运用理论指导实践的能力

运用理论指导工作实践是企业家进行学习的最终目的，同时也是学习这一过程的升华，理论只有应用于实践才能产生价值。企业家应该培养自己理论联系实践的能力，运用所学理论指导工作实践，进一步积累和丰富实践经验，提高决策能力，增强分析和解决问题的能力。这一能力使企业家用系统的知识体系对实践问题进行多方面的思考，最终得出最优的解决方案，同时实现自我超越与提升。

## 二、提高组织的学习能力

### （一）组织学习能力的内涵

组织的学习能力是指企业组织吸收新知识、新思维并将之运用于企业管理的能力，在这个日新月异的时代，组织的学习能力对企业的发展起到极为关键的作用。观察成功企业的经历可以发现，凡是能在竞争中脱颖而出并长期保持领先位置的企业都是具有较高学习力的企业。好的组织学习力，能使组织中的成员克服个人劣势，突破个体的思维局限性，通过互相学习、充分交流使好的思想和思维在组织中得以传播，从而促进团队成员的成长和组织的提升。经验证明，那些不接受新鲜事物、不融入新思想的企业，目光总是受到局限，无法开拓思维，很快就会被竞争者追赶上来，最终被市场淘汰。企业组织学习能力的强弱关系到企业未来的竞争力，是当前国内企业应普遍重视的问题。

【拓展阅读】

## 山雀与知更鸟

英国乡村的很多居民都会订牛奶，送牛奶的人一开始只是把牛奶装玻璃瓶里给客人送到家门口，没有加盖。山雀和知更鸟都跑来把牛奶瓶上面部分的牛奶喝了。过了一段时间，送牛奶的人就给瓶子装了盖，没想到后来，山雀们还是喝到了，因为它们都学会了把盖子戳破，但是知更鸟却只有几只会这么做，大部分知更鸟后来还是没能喝到。

山雀和知更鸟为什么有这种差别，不是因为知更鸟比山雀笨，因为毕竟有少数知更鸟学会这么做，而是因为山雀把偶尔学到的东西传播给同类，使这个方法成了山雀鸟类觅食的一种惯例。但知更鸟却没有把知识普及给同类，所以只有个别知道这么做的知更鸟才能喝到牛奶。企业的组织也一样，充分沟通、经验共享，才能提高整个组织的学习力，达到共赢的效果。

资料来源：http://bjmsg.focus.cn/msgview/2152/1/53700026.html.

### （二）企业家促进组织学习能力的途径

#### 1. 营造开放的企业文化氛围

使组织能包容新的思想与知识，并通过加强交流、去伪存真，把合适的、好的思想融入企业。如果组织思维已经严重僵化，则可引进部分外来的高端人才，通过他们的新思维来激活组织的思维，增添新的文化与知识元素；或者向先进的标杆企业学习，通过模仿它们的企业文化来带动自身组织文化的变革。通过与他人的沟通和交流，向比自己高一层次的人请教学习，能促进思想的提升，使思想在碰撞中产生火花。创新首先是要有创意，只有创意能被大胆地提出或交流时，创新才可能顺利展开。企业内部要树立一种大胆创意、敢于创新的文化，企业家要鼓励好的创意，将好的创意付诸实践，并且允许过程中存在一定的失败，对大胆创新、最终为企业带来好的行为模式及经营实效的要给予嘉奖。

**2. 企业有良好且可行的愿景，让企业员工对未来抱有希望、充满信心**

这样能让他们在企业的发展中拥有不断实现自我价值的机会，这样员工才会有积极向上的心态。有了良好的心态，员工就会积极学习、不断充实知识结构，提升自我价值，从而在企业中树立良好的学习氛围。

**3. 企业内应对非保密信息及时公开**

让员工们充分共享企业信息，及时了解企业的发展状况及存在的问题，才可能让员工更好地把握企业的发展方向，理解企业的行为，与企业休戚与共，将企业的命运与自身的前途相结合，从而树立起热爱企业的心态，有参与企业发展的想法。很多优秀企业的成长实例说明，只有在广大员工的普遍参与下才能实现，积极的参与本身就是一种学习。

**4. 企业内的人才管理必须任人唯贤**

企业在使用人才时需要考察人才的学习能力与未来潜力，给他们提供更多的机会成为企业支柱、员工的榜样。要打破利益格局，把不善于学习的管理者从岗位上撤换下来，让积极进取的干部充实到管理岗位上来。各层管理者的学习能力在企业经营管理中起关键的带头作用，好的干部可以影响一大片员工的学习与进步，而差的干部则可能给一批员工带来坏的影响。

**5. 采用榜样法，向世界先进企业和同行先进企业学习**

好的企业必然有一套好的方法，它流行于世界，得到普遍的肯定和推崇。常言道，"榜样的力量是无穷的"，通过向标杆企业的学习可以找出自身的差距和不足，从而提高企业的学习能力。通过借鉴标杆企业在发展历程中的经验，可以少走弯路，缩短追赶的时间，降低企业的风险成本与管理成本。但学习中一定不能原样照搬，必须找到与自身企业的结合点，因为任何企业都具有不同的特殊情况，如果完全照搬很可能会造成水土不服。

**6. 企业内部应建立有规划的培训体系**

这样可以让企业员工有计划地接受系统的培训学习。请外来的优秀的培训机构为企业员工讲课，或者请企业内部优秀员工现身说法，让员工能及时获得先进思想与知识。但培训只是学习的一个方面，更重要的是要培养企业员工有自我学习的心态与习惯。

### 7. 企业领导必须成为学习型领导

领导应有很强的学习能力，从而带动身边的干部的学习，再通过干部的学习带动普通员工的学习。企业领导者只有热爱学习，有较好的学习能力，才可能让企业吸收新的知识和思想，才可能带领企业在这个日新月异的时代中不断适应，不断进步，不断创新。相反，如果企业领导的学习能力很差必然使组织的学习能力下降。

### 8. 企业和个人要善于反思

通过总结经验，继承发扬过去优秀的精神，深刻检讨过去的不足。企业要在竞争中反复总结经验，实现企业的自我学习积累。有句话叫"失败乃成功之母"，原因是过去的成功经验可能会使企业骄傲自大或者放松警惕，当外界环境发生改变，当竞争对手都有所进步，企业却还停留在原地。因此，企业即使现在拥有较好的业绩，也要不断地反思自身做得不足的地方，持续学习，争取更上一层楼。

### 9. 加强企业内部沟通，适当放权

沟通是加强学习的有效方法，通过领导与员工、员工与员工、部门与部门、部门与员工等的沟通，能达到集思广益的效果，从而促进知识的交流和组织的进步。并且沟通能让当事人了解他人的优点，反思自身缺点，进而汲取好的经验加以学习。另外，适当放权是提拔人才、培养人才的重要手段。领导者给予新生代员工更多的机会和发展的空间，能鼓励新思想的产生、推动新思想的传播，这有利于组织学习力的提高。

## 【案例 6-1】
### 学习力的应用

联想的成功有一个不容忽视的原因，就是公司具有很强的组织学习能力。处于竞争日益激烈的行业，又面临外资知名企业和国内新兴企业的双重压力，联想表现出了非凡的适应能力和变革精神。公司能及时洞察市场，根据市场和行情的变化改变策略，调整组织结构和管理模式，以适应新的环境。公司能做到这点得

力于它能寻找到各种学习的机会,提高组织的学习能力、创新能力和变革能力。

向合作伙伴学习,是联想的主要学习途径。在与惠普等知名企业合作的过程中,联想总是保持谦卑的态度,汲取它们成功的经验。从早期对基础业务、渠道建设和运营方法等基本原理的学习,到技术开发、组织管理和市场营销的学习,联想总能做到以我为用、加工创新。学要注意方法,不是什么都学什么都用。联想之所以学得好,是因为它善于分析竞争对手,着重学习竞争者的长处来增加自己的竞争优势,缩短与别人的差距。即使今天的联想已取得了令人瞩目的成就,公司这种时时学、处处学的精神还在延续。

资料来源:http://blog.sina.com.cn/s/blog_4cd08bd5010008ip.html.

# 第二节　领导力

企业的领军人物就好像阿拉伯数字中的"1"一样,是个权数。"1"后面带一个"0"就是"10",带两个"0"就是"100",带三个"0"就是"1000"。没有这个"1",就失去了它的实际价值。

——柳传志

我们处在一个变化的时代,一个机遇与风险并存的时代。这个时代更需要具有领导力的人,企业家引领着企业的方向,必须具有领导力。

## 一、领导力的含义

领导力是一种影响力,它能使人们超出常规标准、常规质量地完成任务,并且乐意这么做。领导力作为社会交互作用的一种要素,是一种复杂的活动,它包括个体对目标承诺的实现、团队凝聚力的增强以及组织文化的提高等。

　　要管理优秀的人才，使他们成为一支具有高度凝聚力的团队，是对领导者最大的考验。曾有个 NBA 总裁说，最让他头疼的事，就是他要指挥十个百万富翁拼了命地打球。这就需要领导者发挥自身的领导力。优秀的领导者能将合适的人放在合适的岗位上，并用巧妙的手段激发出其最大的潜质和工作动力，使下属不断超越现在的状态，不断创造出更好的业绩，这样既实现了员工自身的职业价值，也实现了企业的壮大。此外，优秀的领导者还知道企业的成功不是靠一个优秀的人，而是靠一群实力均衡、互相取长补短的人，所以领导者要对各种个性、特点、优势的员工采取不同的、适当的管理方法。

## 二、领导力的要素

　　企业家的领导力包括以下五个要素：

### （一）战略性思维和计划能力

　　这要求领导者对企业的远景目标和战略局势有深刻的认知和到位的把握，能随时随地地掌握好企业前进的方向，将企业的日常运营、基本业务开展和问题的解决都建立在企业战略的基础上，并能做出相应的策略计划。

### （二）热情和激励

　　领导者要有对企业的热忱，能在面临着重重困难之后还对企业充满信心，对未来满怀激情，这样才能给下属员工传递最大的鼓舞。领导者还要善于激励，这包括对企业的激励和对员工的激励，前者指激励企业营造积极向上的团队氛围，不断学习、不断超越、不断革新，后者是指采取适当的手段激励员工发挥最大的才能。

### （三）组织协调能力

　　领导者在组织中还扮演协调者的角色，一方面协调企业内部和外部的关系，包括企业与供应商、合作伙伴等的关系，还有协调企业各部门之间的关系；另一方面还要协调下属的关系，包括利益关系、合作关系和竞争关系等。协调工作做得好，就能使企业日常运营得到更好的保障，使组织前行的道路更加平坦。

## （四）培养人才

栽培人才、挖掘人才潜质是领导者的重要工作。把人的工作做好了，就相当于把一半的工作都做好了。领导者要制订合适的人才培养计划，对具有独特、先进想法和具备优秀素养的人要重点栽培，使他们成为组织的骨干成员，带领其他人共同进步；对能力处于中间层的员工要善于观察和分析，激发出他们潜在的特质，给予他们更多的鼓舞；对于业绩较差的员工要强调执行力的发挥，并采取得当的措施对他们进行监督、管理，使之做好最基本的工作。

## （五）责任感和影响力

领导力一个重要的要求就是责任感，领导者是组织中的"领头羊"，要能在关键时刻做出正确的决策，引领组织的步伐。只有勇于承担责任、为他人着想、为组织考虑的人才是合格的领导者。在一个企业中，领导者要让他人服从自己的意志，就要采取让人信服、佩服的方式和方法，并能够在组织中形成一股影响力。而该影响力可以来源于领导者自身的魅力、心态、能力和素养等方面。

【拓展阅读】

### 县令买饭

南宋时期，江西曾有一带山民叛乱，某县县令黄炳调动军队加以防范。一天凌晨，突然接到叛军来袭的消息，黄县令命巡尉率士兵迎战。当时士兵们还没吃过饭，巡尉怕兵力不足，黄县令说道："你们尽管出发，饭马上就来。"那么多的士兵，现在做饭肯定来不及了，黄县令带上一批人马，一路走一路挨家挨户地喊着："知县老爷买饭来了！"正好是市民们做早饭的时间，听到知县老爷买饭，纷纷把做好的饭给老爷装满了。这样，到赶上队伍的时候，饭已经盛了满满几十桶，士兵们吃饱喝足，最终打了一场胜仗。

不但不用慌慌张张赶着下厨，而且用了效率最高的方法，黄县令的故事告诉我们，一个优秀的管理者，不用靠事事亲为，而是可以借助别人的力量发挥自己的才能。

资料来源：http://www.822.la/glgs/59336.jhtml.

## 三、领导力的培养

领导力的培养可以从以下几个方面抓起：

### （一）知识的累积

知识的累积是领导力培养与开发的最基本的途径，没有一个领导者是可以不经过知识学习就能获得成功的。尤其是在现阶段，市场经济体制逐步成熟，企业制度越来越体系化、科学化，知识竞争在商业的竞争中占据越来越重要的位置。这就要求现代企业的领导者必须重视知识的学习和积累。欧洲有句谚语，"积累知识，胜于积累金银"。领导者只有具备良好的素养，才懂得珍惜人才，学会用才之道；只有掌握专业技能，才能将好的知识运用于管理企业的实践中，才可能给企业带来更多的财富。同时，知识能熏陶人，积累知识能提高领导者自身修养，也能提高领导者的影响力。学习的途径有在职深造、参加培训、汲取他人经验、自我学习等。

### （二）实践

实践是知识的母亲，丰富的知识要运用于对企业管理的实践中，才能发挥出它的作用。实践的基本要求就是善于思考，"吃一堑，长一智"，领导者要在实践中不断地总结经验，吸取教训，不管经验是成功还是失败，都要自问出现这个结果的原因有什么，根源在哪儿，为什么会导致这种结果，如果是另外一种情况又该怎么办。

另外，领导者要认清自身在组织中的位置，做适当的、正确的事。实践不等于埋头苦干，很多人常常陷入这样的误区：什么事都干，大事小事都要监管，其实事情永远都做不完，越想面面俱到，越是没有效率。身为领导者，要把注意力从琐碎的事务当中转移到公司和组织的整体运营上，更多地关注战略的计划、执行的力度和进度。另外要把权力适度地交给合适的下属，这样，领导者其实直接管理的人大概只有七八个，把这七八个人管好了，事情也就能管理得井井有条了。

此外，还必须提高创新能力。领导者可以说是组织运行的掌舵人，把握着企业的走向和战略的蓝图，领导者的革新精神是促使企业推陈出新的主要动力。这里的创新能力主要是对资源整合的创新、管理手段和管理模式的创新。

### （三）沟通交流，经验共享

有位高管说，如果你把自己定位在低层，那就要往中层爬；如果把自己定位在中层，就要往高层走。因为只有接触比你更高层的人，你才会了解他们成功的原因，才会从他们身上学到经验，这样慢慢地使自己更加充实。通过主动沟通向他人学习、汲取好的经验是培养领导力的重要途径，一方面可以使领导者开拓眼界，提高预测能力和解决问题的能力；另一方面是对自己的一种激励，通过跟比自己优秀的人接触，以他们为自己在职业生涯中的榜样，从内心激发出工作的动力和超越自我的渴望。

## 四、领导力的拓展

想拥有很高的领导力，就必须拥有很高的"七商"。

### （一）德商（MQ）

德商指领导者道德的水平，它包括尊重、容忍、宽容、诚实、负责、忠心、礼貌等美德。为什么要把德商排在第一位，因为企业家只有具备高的德商，才能保证其创业道路是在道德和正义的约束之内，不至于走偏。传统美德是中华民族从古至今最看重的，国内早期许多优秀的企业家都很看重道德和信义，为我们留下了很多宝贵的经验。现代企业强调人性化的管理，企业家应该更加注重德商的培养。近几年市场上曝出许多食品安全事件，多家大型企业纷纷落马，这为企业家敲了一个响亮的警钟，只有把企业建立在道德的基础上，才能赢得消费者的信任，经得住时间的考验。

### （二）智商（IQ）

智商是衡量人智力高低的指标，这里我们也可以说是企业家拥有的智慧。有句谚语说："给智者鞍前马后服侍，不给弱智当主人。"拥有智慧的企业家，才能受到他人的拥护和尊敬，才能在组织中树立权威的形象。企业家要想突破自我，在竞争中超越他人，就需要拥有智慧。要注意的是，智慧不等同于聪明，更不能耍小聪明，智慧是历经了困境思想得到的提升和熏陶，使得企业家具备成熟的气质、远大的目光和为人处世的哲学。

### （三）情商（EQ）

情商是指领导者对情感和情绪的控制和处理，经常有人用"感性"和"理性"来评判人的情商高低，其实感性或理性只是人的情绪状态和倾向，不管是何种人都可能拥有很高的情商。企业家的情商通常表现在其处理人际关系的能力，高情商的人通常能与人为善，广结良缘，这就为创业铺下广阔的道路。例如，小布什在大学时期学习很差，但很爱交朋友，交际广泛，这些朋友最后各自在社会上成就事业，为小布什当选总统奠定了基础。

### （四）志商（WQ）

志商是指领导者的志向大小和对志向的坚持程度。成功的企业家一定要有远大志向，这股志气持续地推动他在事业上不断拼搏。他可能是生来就有对理想的无限渴望，也可能是在后天环境中培养出高的志商。没有志向的企业家是不可能获取巨大成就的，因为当他的事业遇到挫折，他会抱着打退堂鼓的心态屈服于环境，或者在事业取得一点成就时就安于现状，不再奋进。今天的市场竞争是激烈的，谁先让步，谁就输了。

### （五）健商（HQ）

健商是指领导者身体健康水平和健康意识的高低。很多调查表明，现在许多商人的身体状况都处于比较差的状态，一是工作忙，生活节奏不规律；二是对运动不够注重；三是饮食不健康，再加上几乎每天都有的饭局，许多职业病悄然来袭。好的身体才是革命的本钱，领导者尤其不能忽视健商。每天给自己制定好行程安排，抽时间休息运动，持之以恒，养成好的生活习惯，是最简单的，也是最常被忽略的。

### （六）财商（FQ）

财商是指领导者对待金钱的态度。把钱看得太重太紧，是守财奴；糟蹋钱财，大手大脚，是败家子。守财奴把现有的物质看得太重，不愿意做投资，排斥拨款，甚至把公家的钱占为私有，殊不知"千金散尽还复来"，若把钱花在刀刃上，往往能一本万利。大手大脚也不是企业家该有的习惯，沃尔玛就是典型的节约出来的企业，从顾客的消费观念出发树立良好的企业理念，为顾客节省每一分钱，以物美价廉的产品赢得广大顾客的喜爱。对金钱保持理性的态度，做好财务管理，是企业家应该具备的素养。

### （七）逆商（AQ）

逆商是指领导者面对挫折、摆脱困境和超越困难的能力。当我们遇到一个坎，我们想方设法跨过它，下次在遇到这样的问题处理起来就得心应手；当我们遇到一个更高的坎，我们再发挥才智跨越它，我们的能力就得到提升；这样不断反复下去，最后回想起来过去的很多难题在现在看来都是小事，企业家就能在逆境中得到成长和提升。困境即是赐予，逆境中的磨炼往往比在顺境中摸索要使人成长得更快。

这七商并不是与生俱来的，可以在后天的历练中磨炼出来。企业家要从中找到突破口，认识自身的不足，不断超越现在，走向卓越。

# 第三节　文化力

企业发展就是要发展一批狼。狼有三大特性：一是敏锐的嗅觉；二是不屈不挠、奋不顾身的进攻精神；三是群体奋斗的意识。

——任正非

文化力与领导力密不可分，领导者的领导力最终促成企业文化的形成，企业文化又能促进领导力的提升。一个企业的成功不仅在于拥有一套核心价值观，更重要的是以价值观来指导行动，使企业领导力得到升华。一个企业家的使命是什么，对企业的最大贡献是什么？从一定程度上可以说，应该是他能塑造并倡导一种优秀的企业文化，一种不可战胜的文化力量。

## 一、文化力的内涵

文化力实质是作为意识形态的企业文化对企业发展的作用力，由凝聚力、导向力、激励力和辐射力构成。

文化力对企业发展的作用力表现在：当文化力与企业发展的方向和要求一致，就会产生正向的力量，推动企业的发展；当文化力与企业发展的方向和要求产生冲突，就会形成一股负向的力量，阻碍企业前进的步伐，这时可能会导致组织军心不稳，管理紊乱，对企业发展是非常不利的。所以企业在建立企业文化体系的时候，要以企业的发展要求为中心，塑造积极、正面的文化力。

## 二、文化力的重要性

### （一）企业本身的需要

当市场机制逐渐走向成熟，企业内部的管理受到大环境的推动也会越发科学化、合理化、契约化和民主化。这样，过去"人治"的管理方式就会被科学的管理方式所替代。企业文化在管理方式的转型中起到必不可少的作用：一是先进的企业文化能促使先进管理方式在企业内部的传播和应用；二是科学的、成熟的管理体制必须有文化力作支撑。此外，企业文化是企业内部环境的一部分，它对员工的工作及满意度起着潜移默化的作用，健康的企业文化为员工创造一个和谐、愉快的工作环境，而且能对企业的发展起到正向的推动作用。

## （二）管理制度实施的需要

企业所倡导的一种企业文化在很大程度上是通过管理制度来体现的，而管理制度的实施不可避免地要受到企业文化的影响。但是，管理制度并不能全面地规定所有的问题，在这种情况下，强大的组织文化力能够使员工自觉地采取有利于组织发展的行为。

## （三）人才竞争的需要

组织文化的内涵就是组织成员的共同价值观，这种对共同价值的认同，会使员工产生稳定的归属感，增加员工对组织的忠诚度，并且建立一种组织与员工之间的情感关系，从而吸引、留住人才。

## （四）市场竞争的需要

良好的企业文化是企业的无形资产，有助于提升企业形象，塑造良好的企业口碑，是企业在市场竞争中的有力武器。从企业内部看，健康的企业文化能够营造和谐的工作环境，提高团队和组织的凝聚力，这能从某种程度上减少管理费用，提高企业效率，从而增强企业竞争力。

## 三、建设文化力的途径

企业主要从以下四个方面进行企业文化建设：

## （一）分析企业的文化力要求

企业文化力必须与企业的发展方向和要求一致，才会产生正向力量，所以建设企业文化力时首先要站在企业战略的高度，结合企业的发展历史、愿景和目标、组织结构、文化价值观、员工需求和管理水平等进行分析从而确定企业对文化力的要求。还可以用 SWOT 分析的方法，分析外部环境带来的机会和可能存在的威胁，并且结合企业自身的优势和不足，探究其中原因，在此基础上确定企业今后发展的方向，建立符合要求的企业文化。

## （二）建立科学、全面的企业文化管理体系

企业文化管理体系一般包括如下几个方面：

**1. 企业理念识别系统**

企业理念识别系统（Mind Identity，MI），是由企业家倡导、通过组织员工自觉实践形成的代表企业信念和价值观、激发企业活力的团体精神和行为规范。企业理念识别系统主要包括企业经营理念、组织的宗旨和目标等。

**2. 企业行为识别系统**

企业行为识别系统（Behaviour Identity，BI），指基于 MI 的基础上企业的员工表现出来的整体行为形成的企业行为规范，通常可以通过经营制度、公共关系、教育培训等表现出来，目的在于塑造鲜明的企业形象。

**3. 企业视觉识别系统**

企业视觉识别系统（Vision Identity，VI），即是人们通过视觉观察可以看到的企业形象，如企业名称、企业标志、员工衣着、公司礼仪和广告作品，等等。

企业文化管理体系建造以后，要以企业文化理念与价值观为导向，梳理现有的管理制度，摒弃不适合的规定，加上需要强调的新内容。另外，企业除了营造内部环境以外，还要注意企业环境识别系统的培养，即营造良好的企业环境，为企业文化力的运作和发挥做好铺垫。

**（三）企业文化实施与考核**

企业文化管理体系建立的目的在于让员工理解并执行，所以上述文化管理体系建立后，要制定方针政策促使组织成员对文化力的建设作出行动，并且管理者要对企业文化的进展进行监督和管理，以确保计划的贯彻和落实。企业可以采取绩效考核的方式，对文化力执行的结果进行评估，定期进行归纳总结，改善执行中的缺陷，使文化力的执行成为企业战略的一个重要部分。

**（四）企业文化的升级与发展**

企业文化并不是一成不变的，它要随着外部环境变迁和企业内部的改革而发生变革，以适应新环境的发展。不同阶段企业的战略决策、业务目标、产品结构和组织架构都会发生改变，如果用旧的文化指引企业的前行可能会起到阻碍的效果，这也是对企业家创新力的挑战。

## 四、企业文化的变革

为了适应日新月异的形势变化，企业需要进行适当的文化变革，这主要是指对原先企业拥有的文化进行恰当的更新。

### （一）文化变革的分析

#### 1. 号脉企业现有文化

对现有文化革新，需要了解企业原有文化的基本情况，包括原有文化的现状、特点、结构等方面，主要从宏观上把握现在的文化，这是适应企业发展的战略需要。对现有文化的评估，要坚持总体与部分相结合、历史与现状相结合、普遍与特殊相结合的原则，重点分析现有文化同期望文化之间的差距。

#### 2. 分析企业内部环境和外部环境

企业的内部环境和外部环境同样是影响企业文化变革的重要因素。内因决定文化变革的基本方向，主要包括企业本身的财务状况、组织结构、产品组合等方面。外因是企业文化变革的推进剂，主要包括世界的经济发展状况、国家宏观经济形势、市场中其他企业的发展情况等方面。

综上所述，企业进行文化变革时要分析其中的原因以及文化变革的具体方面，要考虑是需要整体的文化革新还是部分的文化革新。明晰企业的核心价值观是文化革新的基础，核心价值观作为企业文化的灵魂，具有较强的稳定性。在很长的时间里它是不变的。当外界环境或企业内部发生变革时，文化力就要随之改变，以重新确定文化价值的方向和要求，但这不是一朝一夕所能完成的。美国学者杰里·波勒斯和迈克尔·柯林斯提出："高瞻远瞩的公司能够奋勇前进，根本因素在于指引、激励公司上下的核心理念，即核心价值和超越利润的目的感。这种理念在很长的时间里一直相当固定。"两位著名学者的研究表明，以通用、福特、西门子为代表的"百年老店"之所以能够保持持久的繁荣，是因为它们具有很强的适应能力，而这种适应能力是建立在企业的核心价值观之上的。他们还指出，除非确有必要，一般不能轻易地修补企业核心价值观，更不能轻易改变企业核心价值观。

### (二) 人员管理

人的因素在文化革新过程中的各个环节都起了至关重要的作用，无论是对内部环境、外部环境、现有文化的判断、相应战略的制定，还是战略的实施过程。企业的文化革新必须以人员管理为基本出发点，如果人员管理出了问题，企业文化革新也将遇到极大的困难，并难以达到预期目标。

#### 1. 建立文化革新领导小组

文化革新领导小组是实施文化革新的重要力量。为了有效地推动文化变革，成立文化革新领导小组非常必要，他们可以指导文化革新的具体进程。领导小组的组成应当多元化，应当将不同权力和不同智慧的人都吸纳到小组中来。组长承担正确引导小组成员的责任，把"有利于企业整体发展"作为企业决策的根本出发点，摒弃从局部利益和个人利益出发的错误观念。领导小组必须首先设计一个可行性较强的文化革新战略计划。然后，及时同企业员工沟通，使企业员工认同新价值观和战略计划。文化革新可能引起某一部分人的担忧和不安，领导小组应致力于建立相互信任的关系，设法增强员工队伍的信心，并组织员工按照确定的变革方式去采取行动。

#### 2. 选择合适的领导小组负责人

领导小组的负责人应当具备一些必要的条件：

（1）本身即高层人员，在组织中具有权威性。

（2）融入企业的日常营运当中，了解企业员工。

（3）实事求是推进文化变革。

（4）善于制定明确的目标和实现目标的战略规划。

（5）具有严谨的工作态度，时刻关注文化变革的具体变化。

（6）能够时刻了解员工的工作情况，并对表现优异者给予奖励。

（7）可以充分调动员工的积极性，能够激发员工的潜能，帮助其提高个人能力。

### 3. 人员调整

一般而言，个人价值观与企业价值观的关系分为四种：个人价值观与企业价值观一致、个人价值观与企业价值观相近、个人价值观与企业价值观无关系、个人价值观与企业价值观相对。当个人价值观与企业价值观处于相对关系时，个体通常很难融入企业文化中去。持相对价值观的员工工作效率比较低，他们通常是在抱怨而不是在工作，对他们的培训成本也比较大、周期比一般员工长、效果则要差得多，更糟糕的是他们会破坏企业的内部文化，这种情况在企业文化变革时期会产生更加严重的负面影响。因此，在企业文化变革过程中，人力资源部门也需要做好以下几项工作：招聘与企业价值观相一致的员工；对员工的培训着重于加强员工的文化认同感；解聘与企业价值观相对的员工。

### 4. 将工作绩效与文化变革相联系

企业价值观认同和内化是心理累积过程，需要一定的时间，并且必须不断地加以强化，才能取得良好的效果。只有经过强化的行为，才能形成习惯并稳定下来。因此，只有基于合理的激励和薪酬体系，让员工相信接受企业文化变革可以提升个人的发展空间，才能顺利推行企业文化变革。

### （三）战略管理

### 1. 制订战略计划

企业战略计划能引导企业文化变革中的行动和方向。企业文化的核心是价值观，为了实现企业全体成员的目标及内化价值观，从而保证文化变革的顺利完成，必须遵循一定的原则制订合理的战略计划，这些原则包括如下几个方面：

（1）能够适应内部环境和外部环境的实际状况。

（2）文化变革领导小组亲自负责设计战略计划的核心部分。

（3）战略计划必须具备较强的可行性，需要同员工进行及时有效的沟通。

（4）具备明确的阶段层次。目标的实现应当是分阶段的，战略计划也应该有许多阶段性的目标。

（5）文化变革是一项长期性、长远性的变革，在此过程中要考虑包括企业愿景、企业战略、企业趋势和行业局势等在内的长期利益的要求，另外也要将长远的目标跟短期目标相结合，不可忽略了对短期任务的计划和监督，因为再远大的目标也是一步一个脚印走出来的。

## 2. 战略评估

战略评估是检测文化变革战略是否可行、有效的主要途径。战略评估包括两个方面：一是战略制定后在执行前进行预测和试验，对有纰漏、不完善或不可行的环节进行改善；二是对战略执行的效果进行评估，阶段性地总结经验，为下一步战略制定和执行提供建议。进行战略评估时，要注重分析以下几点：

（1）战略的匹配性。即文化变革战略是否与企业的愿景和发展目标一致，是否符合大环境变化的要求和行业趋势的发展，是否与企业内部的资源和能力相适应。

（2）战略的完整性。企业可以召开专门的战略评估会议，让公司各层管理者和骨干员工、部分基层员工参与组织文化变革的讨论，一方面能广泛收集员工意见，另一方面能确保战略的制定建立在民主的基础上。战略评估会议上可采用"头脑风暴法"等集思广益的讨论方式，把尽可能多的变革过程中可能出现的问题罗列出来，参会人员共同探讨这些问题发生的可能性、为企业带来的影响以及应对措施。对发生概率大且严重的问题，应从长计议，对战略方案进行修改；对于中等程度且发生概率较小的问题，应具体分析，考虑计划是否合理可行；如果需要修改或完善，应如何采取措施。另外，战略的评估和改善都需考虑在各部门是否具备相应的执行力。

（3）战略的持续性。文化变革是企业变革中最长久也是最长远的一项改革，文化变革战略要站在企业长期战略的角度，评估战略的制定和执行是否能给企业带来长期的、稳定的效益。企业家要能在激荡的环境变化中预测未来的产业和行业趋势，为企业的管理模式、文化制度和价值观的确定提供准确、明确的指导。

## （四）运营管理

如果说战略管理在航海中起了掌舵的作用，那么运营管理就是行船的动力，没有战略文化变革将失去方向，没有运营管理计划将无法实现。运营管理为组织中的成员提供了行动的纲要，为文化变革工作的展开提供了具体思路和操作流程，具体来说要实施目标有以下几个步骤：

### 1. 制订合理的运营计划

与各部门负责人进行深入有效的沟通，主要包括企业规章制度、员工的招聘培训等方面，从而对企业的整体情况有一个比较清晰的了解，然后，根据获得的信息，与各部门负责人一起确立运营计划。运营计划应当具备较强的可行性，综合考虑整体与部分、内部与外部等各种因素，采取公平、公正、合理的原则，具体包括整体目标以及各阶段性目标，以及实现这些目标拟采取的措施和政策。

### 2. 将运营计划付诸实施

计划制订完成之后，每个参会的人员需要给予一份备忘录，列出在会议上达成的共识。然后，必须定期对实施情况进行评估。定义出具体的文化变革目标和运营流程的重要内容。管理层已经对这些目标进行广泛的讨论，因而这些政策应当是符合实际的。

不同的企业，文化特征必然不同，因为企业的内部环境和外部环境千差万别。另外，不同企业的行为规范、行为方式也存在很多差别。因此，不同企业的文化变革也必须具体问题具体分析。但是，文化变革的流程具有较高的相似性，这些流程的作用是将企业文化变革具体化，从而制订出更具可行性的计划，并认真贯彻落实。

## 五、企业家在企业文化建设中的作用

一个成功的企业必然有其优秀独特的企业文化，而创建优秀企业文化的是企业家及其领导层。企业家在企业文化建设中的这种"领头羊"作用是任何其他人都不能代替的。张瑞敏创建了海尔、柳传志创立了联想、马云开创的阿里巴巴等，无论什么性质的企业、什么规模的企业，其企业文化都有企业家或管理者自身的思想、价值观、文化倾向和人格特征所融入的内涵。

企业家及企业领导层在企业文化建设中的重要作用主要表现在以下几方面：

### （一）企业家是企业文化的设计者和塑造者

企业文化是经过长时间形成的所有员工共有的价值观和信念，而这种价值观和信念是源于企业家个人的价值观和信念。简单来说，优秀的企业文化不是凭空产生的，它是由企业家进行精心设计和塑造的。企业家是企业文化建设的精神领袖，他的作用是无法替代的。如山姆·沃顿设计和塑造了沃尔玛"每天追求卓越；天天平价；让顾客满意"的理念，这种理念成为该企业文化的精髓和核心所在。优秀的企业文化充分体现了企业家的精神，成为企业成功的重要保障。

### （二）企业家是企业文化的组织者和培育者

在很多时候，理想与现实是相分离的。许多企业家虽然知道应该培养和塑造一种良好的企业文化来更好地促进企业的发展，但是，大多数企业往往是通过短期的营业额来衡量其绩效，对其进行激励，这样很容易形成企业家"近视"的毛病。也就是说，大多数企业家在面对来自现实的压力，往往会更关注企业的短期利益，即将目光放在那些直接产生效益的环节，而忽略了企业文化的建设。

"三流企业卖产品，二流企业卖技术，一流企业卖标准，超一流企业卖理念。"先进的文化理念是企业成功的前提和基础，也是一个企业区别于其他企业的重要标志。企业的文化理念决定了员工的价值和信念，好的文化理念能够激发员工奋发向上、持续创新，共同推动企业的发展。因此，一个成功的企业家不仅关注产品、技术和流程，更为重要的是建立一种好的理念。

### （三）企业家是企业文化的宣传和倡导者

企业家将自身的愿望目标、思想理念、精神品质融入创业的过程中，为企业的成长不断注入新思想、新思维，渐渐地企业就在企业家的管理和引导下形成了特有的企业文化。这个过程也是从企业家的个人价值观转变为整个企业员工共同的价值观的过程。这个过程并非一蹴而就，需要企业家长时间对员工进行精心的灌输和宣扬，从而得到所有员工的认可和支持，进而深入员工的思想和理念，内化为员工的行为，最终转化为企业发展与进步的动力。

另外，企业家在培育和宣扬企业文化时，必须建立相应的管理制度和激励机制。只有这样，企业文化才能真正落到实处，不至于成为一句空的口号。如摩托罗拉公司"以人为本"的文化渗透到了企业的每一个角落，如公司所有会议厅的大门都是从里往外推开的（正常的门都是从外往里），其原因是万一发生事故，方便员工逃生。这样一个小小的举措就能让所有员工感受到企业的文化和理念，真正实现了以人为本。因此，企业文化的形成需要企业家将其价值理念落实到每一项具体工作和每一位员工的行为中去。

**（四）企业家是企业文化的变革创新者**

企业文化不是一成不变的，而是随着时间和空间的变化而变化的。企业文化变化的时间因素主要体现在：随着外部环境的迅速变化，企业文化必须跟上时代的发展；企业文化变化的空间因素主要体现在：同一个企业在不同的地域内显示出不同的企业文化，因为企业文化受到民族文化的制约和影响。因此，企业家在这个过程中担当了文化变革创新者的角色。这不仅仅是因为他们站得高看得远，也是由他们掌握较多的信息，拥有特定的决策权力和较高的素质所决定的。

但是，文化的变革并非全盘否定或颠覆原有的价值观和理念，而是在保持核心价值观稳定的基础上，对之进行完善和创新，并根据环境的变化，不断调整企业经营管理的方式，使之适应环境的发展。比较典型的是中国海尔文化的变革，从"创新"——"不断创新"——"永远不断创新"，其核心理念没有发生任何改变，只是在原有的基础上不断地丰富和完善。

# 【案例6-2】
## 通用电气的"情感管理"

通用电气的企业文化是培养员工"大家庭"式的感情，只要是通用电气的员工，都要兢兢业业，爱厂如家，用自己的情感灌溉公司这株成长的绿树。公司的员工管理主要有以下几个方面的特点：

（1）"大家庭"式的管理风格。在通用电气，不论你职位是最高领导，还是最基层的员工，都是平等的，员工之间直呼其名，没有等级之分，就像一个和睦、奋进的大家庭，家庭成员互相尊重、互相信赖。公司每年至少举办一次"自由讨论"会，就公司策略、未来发展方向、组织结构、业务问题和心理问题等内容畅所欲言，发表自己的看法和建议，这对促进员工情感起到催化剂般的作用。

（2）轮流当厂长。轮流当厂长这个制度已经实施了30年，至今仍然是非常有效的管理手段。每周有一天由基层员工轮流当一天"厂长"，当"厂长"的员工要听取各部门主管的汇报和意见，掌握全厂的运营情况，陪同厂长巡视部门和车间，还要负责审批各部门和车间的报告，各部门、车间或员工送来的报告。"厂长"不是走马观花一圈即可，而是要对工厂各方面的管理提出意见，促进各部门和车间工作的改善，而自己也要改进自己的工作。这项制度施行的第一年，就节约了200万美元的生产成本，公司还将节约下来的钱奖励给员工。

（3）民主化的人事管理。公司以前按照雇员评估的方法指定合适的人去有空缺的岗位，现在公司进行了大胆的变革，由职工自己选择理想的工作场所和职位，雇员可以决定自己的职业方向。专家们认为，"让棋子自己走"的管理模式，能培养员工的兴趣爱好，挖掘员工潜在的能力和价值，从而促进员工的成长和公司的发展。

（4）缓解压力的方法。即便再温馨的大家庭，每年要承担那么大的业务量，成员难免也会有压力。为了缓解员工紧张的工作状态，公司有辅导员指导雇员通过瑜伽、冥想等静默的方法使精神和身体放松下来，做好充分准备再投入到工作中。自从实施了这个方案后，雇员们生病的概率明显降低了，公司的工作效率也整体有了很大的提高。现在几乎所有分公司都沿用了静默的运动法，安排工作时间长、压力大的雇员参加活动。

资料来源：http://www.xici.net/d37298858.htm.

## 本章小结

企业成熟时期的管理核心是"观念管理"。当企业进入成熟期以后，最容易出现的问题就是组织僵化、观念守旧、缺乏创新、思想保守、市场萎缩、技术停滞、质量下降等。在这个阶段，仅仅管"人"是不够的，明智的企业家转向对"观念"的管理。通过观念创新，引导企业进行文化变革、组织变革，实现二次创业。这个阶段企业家应着力于学习力、领导力、文化力。学习力是前提，领导力是核心，文化力是保证。

在企业不同的发展阶段，企业家所应侧重的素质和能力是不尽相同的。在创业初期，企业家应侧重洞察力、专业力、执行力；在成长期，企业家应侧重决策力、人力资源力、组织力；在成熟期，企业家应侧重学习力、领导力和文化力。以上这些素质和能力是企业家在创业过程中所必备的，只是每个阶段的侧重点不同。那么，是否具备了这些素质和能力就能创业成功呢？创业过程中会存在哪些风险？该如何防范？下一章将介绍创业存在的风险与防范对策。

# 第七章　创业风险与防范

## 巨人般庞大，婴儿般脆弱——成败在谁？

三株集团曾在商界叱咤风云，红极一时，消费者为了购买三株口服液甚至排起长龙。如此辉煌的业绩，却在一瞬间灰飞烟灭。

三株的创始人吴炳新于1994年白手起家，创办了山东三株实业有限公司，除了担任总裁，他还是三株医药生物研究所的首席科学家，负责三株产品的研发。著名的"三株口服液"就是在吴炳新的带领下研制出来的。三株口服液刚推出不久，就受到了广大消费者的喜爱，仅一年销售额就达到23亿元，两年就达到惊人的80亿元。这段时间是三株的黄金时代，二三十元一瓶的三株口服液被哄抬至七八十元，各大药店和商场仍然被抢购一空。是什么推动了三株口服液如此惊人的交易速度？那就是吴炳新策划的营销网络，用吴炳新的话说，他的营销网络几乎可以和邮政在全国覆盖的网络媲美了。其中三株花最多力气的地方就是广告，1995年一年的广告费就达到3个亿，而当年的标王孔府宴酒广告才几千万元。

三株集团的经历反射着我国许多民营企业的发展路径。巨人集团的保健品15天内订货量突破3亿元，沈阳飞龙集团也曾经创下惊人的业绩，但最后它们都因为管理跟不上业务扩张的步伐，慢慢停滞了脚步，创下奇迹的三株也没能逃脱其外。综观20世纪90年代的民营企业，大多都是在市场空白的情况下瞄准时机，抓住一两个好的产品，靠着大量的广告和渠道，一夜之间捞一桶金。一个人做成了，其他人也跟着效仿，渐渐地这种模式成了民营企业的一种较常用的生存路径。殊不知这种模式虽然能帮助创业者发财，却不是长远之计，没有稳扎稳打的基础和科学的管理方法，是承受不了巨大的业务压力的。

资料来源：王国红，唐丽艳主编. 创业与企业成长 [M]. 北京：清华大学出版社，2010.

【案例启示】风险永远紧随机会，创业者应时刻具有防范风险的意识，否则再华丽的胜利都可能是走向失败的起点。"成也风云，败也风云"，真正认识到事物的本质，才能做到否极泰来。

**本章您将了解到：**
- 创业风险的内容
- 创业风险的四种类型
- 六种风险防范措施

# 第一节　创业风险的内涵

如果10%的利润是合理的，11%的利润是可以的，那我只拿9%。

——李嘉诚

## 一、创业风险的含义

创业风险是企业在创业过程中存在的各种风险。由于创业环境的不确定性，创业机会与创业企业的复杂性，创业者、创业团队与创业投资者的能力和实力的有限性而导致创业活动结果的不确定性，就是创业风险。

## 二、创业风险的特征

企业家在创业过程中可能遇到各种各样的问题，这样就会有多种不同的风险，一般来说，创业风险都有以下特征：

### （一）不确定性

创业风险的不确定性表现在：企业面临的外界环境是时刻变化的，这样企业在不同的发展阶段就可能获取不一样的商机和面临不同的挑战和威胁；组织内部的不确定性，创业中的人、财、物和信息等因素往往不是固定不变的，这样创业计划可能会被打破，下一步会出现什么状况，通常是难以预料的。

### （二）两面性

创业风险可能给企业带来契机，创造更大的财富，也有可能造成企业的损失，甚至有些企业因为一次风险从此一蹶不振，这就是风险的两面性。创业的风险有大有小，内容和类型都有所不同，企业家如果能从中抓住有利的机会，巧妙地将之转化为一个可跨越的坎，企业就能转危为机。

### （三）可变性

可变性这是指创业风险会随着环境的变化、创业因素的变化和企业发展阶段的不同而发生改变，包括风险大小、风险类型和内容的转变。

### （四）短暂性

创业风险通常由某种因素引发，当这种因素稳定了、消除了，风险就会渐渐平息。如自然灾害、谣言、人情变故等，一次风险带来的损益都是暂时性的，挺过了最困难的关头就能重新开始。但这并不意味着风险只有一次，风险是客观存在、不以人的意志为转移的，所以企业要时刻保持警惕，加以防范。

【拓展阅读】

### 困境即是赐予

狮子身为草原霸主，最近却被一个小小的困惑所困扰，它去找天神寻求帮助。"天神哪，我虽然有强壮的体魄、王者的风范，却敌不过公鸡。它每天早上一大早就开始叫，吵得我睡不着啊！"天神笑笑，让它去找大象帮忙。狮子找到了大象，看见大象正在气呼呼地跺脚，原来有一只蚂蚁爬进它的耳朵里了，弄得它实在很难受。看到这么巨大的大象都对付不了小小的蚂蚁，狮子顿时明白了：每个人都会遇到麻烦事，不可能每个人都去找天神，而要靠自己去解决。于是狮子以后闻鸡起舞，加强锻炼，还热心地帮助他人，受到了动物们的尊敬。

这则小寓言告诉我们，一个阻碍并不一定是要阻挡你前进，也可能是一个契机，迫使你去克服它，最终超越自己。

资料来源：http://bbs.chinaz.com/Shuiba/thread-2378888-1-1.html.

# 第二节　创业风险的类型

许多企业是死于消化不良，而非饥饿。

——戴维·帕卡德

商场如战场，风云变幻，各种不确定因素错综复杂，创业者面临着各种各样的风险。

## 一、资金风险

资金风险是指因资金不能及时得到供应而导致创业失败的可能性。对于新创业企业，资金缺乏是最普遍的问题，如果得不到很好的解决，非常容易导致创业夭折。产生这种现象的原因主要有以下几个方面：第一，需求的消失。在消费品或服务市场上，顾客不再信任创业者，创业企业没有了客源，但还得继续营业，这样便很快就会出现现金流中断。如 2008 年的"毒奶粉事件"，让中国几家大奶制品公司陷入危机。如果是中间品市场，多不会出现迅速面临现金中断的情况，但会有另外的危机。第二，供货危机。一些企业依靠的原料具有垄断性，一旦这些供货企业中止供货就会导致创业企业的危机，从而导致资金短缺。第三，租赁危机。主要是由于商场、工厂或办公场所等企业用地租赁到期，迫使企业停产停工而导致客户流失，从而引起资金短缺或中断。

## 二、市场风险

市场风险是指市场主体从事经济活动所面临的盈利或亏损的可能性和不确定性。市场定位、推广时机和营销策划的失误会给产品的市场开拓造成很大的困难，会让许多企业裹足不前。很多创业者在创业初期往往只能根据调查的数据进行主观的判断，结果可能过大估计市场的需求量。而且一个新产品或新服务，打开市场需要一定的时间，因而不可避免地会出现产品销售不畅，造成产品积压等风险。另外，产品的市场定位是十分重要的，特别是市场价格和市场战略的定位。

## 三、信用风险

在企业经营过程中，信用风险最主要的是指合同欺诈和赊账。

企业的经营活动涉及一系列的合同的签订，合同欺诈便成为企业经营过程中很可能要面对的风险之一。现如今欺诈手段变化多端,一些合同在形式和内容上可能会出现很多变种的欺诈。所以企业家在签订协议前必须经过仔细谨慎的思考,否则,一个小小的漏洞都可能使企业蒙受很大的损失。

创业者在创业初期都想尽快扩大业务,多做些生意,因而往往忽视了赊账这一风险的存在。再加上创业初期各种措施还不完善,很容易出现"产品卖出去钱却收不回"的现象。

## 四、人员风险

创业中的人力资源对初创企业的成功与否起着关键性的作用。具体而言,人员风险表现在人员的能力、关键人员的流失和人员的道德三个方面。

### (一)创业者能力的不足

它主要表现在两个方面:一是创业者对创业所需的人、财、物、精力、时间等准备不足,再加上创业者对自己的性格、知识面、个人专长等没有透彻的认知,造成创业者面对创业过程中出现的问题不能很好地解决。二是创业者在企业成长过程中的管理能力风险。

### (二)骨干员工的流失

骨干员工支撑起企业的基本组织架构,虽然他们的离开不会造成组织的坍塌,但却带走了企业的核心技术、客户关系等重要资源,不但造成企业的损失,还给竞争对手制造了机会。另外,骨干成员流失在很大程度上打击了团队的士气,企业如果不给予适当的处理,可能会造成"树倒猢狲散"的结局。

### (三)人员道德

现在,人们对企业中的道德问题越来越重视,对新创企业也是如此。许多成功的创业者相信道德高尚和正直是获得长期成功的重要条件。而在初创的企业中,却常常有各种危害企业生存与发展的道德风险。如某些关键人员,企业给予他们不菲的待遇,但他们却没有发挥自己的聪明才智,努力工作,反而以权谋私,做出威胁企业利益的事。

# 第三节　创业风险的防范

人类常犯的基本错误就是忽略前提。他不知道，一旦忽略了前提，在不同前提下所作的貌似正确的一切结论都是荒唐可笑的……

——刘东华

## 一、风险回避

风险回避是指创业者在面临高风险的项目时选择主动放弃的行为。项目的风险有高低之分，有的项目风险较大，有的项目风险相对而言比较小。创业者承受风险的能力也有高低之分，风险爱好者喜好风险，可以承担具有较大风险的项目，而风险厌恶者则尽力规避风险。每一个创业者应当根据自己的实际情况选择不同的创业方案，当风险不能承受时，可以选择放弃。风险与收益密切相关，风险回避违背了高风险高收益的原则，以放弃高收益为代价来规避风险，是比较消极的战略选择。

## 二、风险分散

"不要把鸡蛋放在同一个篮子里"是商业活动的一条重要原则，创业也是如此。项目不同，风险不同；风险不同，收益不同。高风险，高收益；低风险，低收益。高风险项目通常伴随着较高的收益，而低风险项目则恰恰相反。对于创业者而言，选择高收益项目，则面临着较高的风险，一旦项目失败，则有可能全军覆没，再没有翻身的可能性。而选择低风险项目，收益性就较差。这时就需要将高风险项目与低风险项目进行合理的组合，既保证了收益率，又不用承担过高的风险。因为几个项目同时失败的可能性比一个项目失败的可能性要小得多，而且由于有高收益率项目的存在，创业者还能获得较高的收益，从而使创业得以步入正轨。

## 三、风险转移

风险转移是指创业者通过一定的方式将全部风险或者部分风险转移给其他市场主体承担，从而达到减少自身风险的目的。这种方式主要有风险共担、参与风险、转移引起风险损失活动等。

风险共担，即实行联合投资、联合开发等方式吸引更多的投资主体参与到投资中来，使得有更多的主体承担创业的风险，这样创业者自身承担的风险则小了许多。参与风险主要是通过向保险公司缴纳保险费用来规避风险。保险公司的主营业务就是通过收纳保险费用来为客户承担风险。创业者通过缴纳一定的保险费用可以让保险公司为项目承担一定的风险。转移引起风险损失活动是指将风险完全转移给另一个主体，主要通过购买专利、业务外包、租赁经营、特许经营等方式来实现。当然，风险与收益密切相关，风险的减少必然带来收益的减少。例如，购买专利来转移风险需要支付一定的专利费，专利费用的支出必然带来收益的减少。

## 四、风险自留

创业者理性地或非理性地选择自己承担风险，利用企业内部的资源弥补风险造成的损失称为风险自留或者风险承担。风险自留分为两种情况：主动型风险自留和被动型风险自留。主动型风险自留是指创业者已经充分认识到风险可能造成的经济损失，并愿意承担这种损失。被动型风险自留是指创业者没有认识到风险可能带来的经济损失的严重性，没有采取有效的风险控制而被动地接受风险造成的损失。

## 五、损失控制

损失控制分为损失发生前的损失控制和损失发生后的损失控制。损失发生前的损失控制指的是在损失出现之前消除损失发生的根源，从而减少损失发生的概率。损失发生后的损失控制是指采取措施减少损失的严重程度。创业风险的损失控制更多的是损失发生前的损失控制，这主要通过对创业投资的风险进行充分的研究和分析，对其进行合理的预测和控制来达到减少损失的目的。损失控制是一种积极应对风险的方法，相比风险回避、风险转移等措施具有积极意义。

## 六、适时退出

成功的退出是创业者追求的终极目标。由于种种因素的存在，创业企业的夭折不可避免。因此，创业者必须实时权衡利弊，选择正确的时机退出。一旦这种正确的时机到来，创业者必须及时地退出，以减少经济损失。根据企业发展的不同阶段，可以采取不同的退出方式。

**（一）种子期项目的退出**

这种项目在技术开发完成之后，形成了一定的科研成果，这时可以通过向其他企业转移知识产权来实现资本的撤出。

**（二）扩张期项目的退出**

如果企业需要扩大规模，这时可以通过转移股权来吸引新的投资者，从而实现资本的撤出。

**（三）已经壮大的企业的资本撤出**

这可以在股份制改造或上市之前通过股权转让来实现资本的及时撤出。

**（四）公开上市企业的资本撤出**

这种形式的撤出可以通过资本市场来完成。

（五）经营不善的企业的资本撤出

这种形式的企业前景比较渺茫，创业者一定要果断退出，并进行破产清算，才能有效地减少损失。

## 【案例 7-1】

### 创业失败的案例

王某创办工厂不久，就有人来推广他们技术团队研发的一种高科技产品——"新一代软饮料无菌包装盒"。王某的工厂是以做新型包装材料为主业的加工厂，他考虑到自己的工厂研发实力不足，在市场上也没有优势，如果能跟外部的科研团队合作，把工厂不擅长的业务转移到合作者身上，自己主攻制造和生产，应该能达到"双赢"的效果。王某预计着合作的第一年应该能实现收支平衡，第三年可能可以开始盈利，一拍脑袋，跟对方签下了 5 年的投资合同。然而，实施的效果远远没有王某预计的那样可观，新品上市的第一年，就有竞争者推广了科技含量更高的同类产品，而且价格也相差不多，消费者自然将目光投向竞争对手那里。5 年之后工厂也不见得有盈利，王某这下亏大了。

鼠目寸光，拍脑袋决定，是创业时期最忌讳的。案例中王某投资的是高科技项目，签约前没有经过严谨、科学的考虑和计算，只凭直觉就估算出投资回报的时间，也没有对产品的生命周期进行预测，更别说做市场调查。高科技产品最大的风险就是更新换代快，等到产品做出来，市场的高峰早已过去了。可见，盲目投资必然导致惨败。

资料来源：雷云. 创业失败案例分析 [J]. 生意通，2008 (7).

### 本章小结

企业家在创业过程中不可避免地会遇到各种风险。由于创业环境的不确定性，创业机会与创业企业的复杂性，创业者、创业团队与创业投资者的能力和实力的有限性而导致创业活动结果的不确定性，就是创业风险。创业风险包括资金风险、市场风险、信用风险、人员风险等。在面对不同的风险时，企业家应采取不同的策略，如风险回避、风险分散、风险转移、风险自留、损失控制、适时退出等。

　　创业中存在风险是必然的，主要看企业是否能有长期可持续的发展。随着科学技术和社会的不断发展，那创业是否会存在一定的发展方向呢？哪些是未来的主流发展趋势？下一章将介绍创业与企业家精神发展的新趋势。

# 第八章 创业与企业家 精神发展的新趋势

### 张世永的科技创业之路

1978年，来自农村的张世永考入了复旦大学计算机科学系。大学毕业后，张世永凭优异的成绩和积极向上的科研精神被学校聘请，参加校网络研究室的创建与管理工作。到20世纪90年代，国内开始普及计算机网络，张世永的网络与信息工程中心承接了国家的一个项目，就在研究这个项目的过程中，张世永和同事们创下了他们的核心技术。张世永计划着，这项技术如果做出来将是非常有价值的，可以申请专利，形成自主知识产权的产品。就如张世永预测的，网络安全技术的研究开发和产品化不久后成为学术界和商业界关注的焦点。

1998年，张世永将他的科研项目变成300万元资金，并拿出所得专利权换得的无形资产100万元，再向复旦大学贷款100万元，总共500万元，创立了复旦光华。而他之前研发的核心技术也创下了1900万元的价值，为复旦光华实现了增资扩股。复旦光华是第一个进入杨浦高新技术创业服务中心的企业，经过短短几年的发展复旦光华已经成为业内的佼佼者，并拥有越来越强大的自主创新团队。

2004年，张世永主张建立一个新业务部，开始生产能将软件与硬件结合在一起的产品，使产品能运用到医疗健康、汽车等其他行业。这个想法遭到了很多人的反对，他们认为复旦光华现在还没有这方面的人才和技术。但张世永依然坚持自己的想法，他认为信息技术如能与传统制造业结合，将能大大提升这些产业的效率，这是将来必然的趋势。于是他开始投入新的业务，将信息技术"嫁接"到各类机器，仅用了4个月的时间，第一批医用类智能产品就生产出来了，其他种类的智能产品也开始不断地推出。复旦光华还走在它充满光明的创业道路上，而且路越走越宽。

资料来源：刘志阳主编.创业学［M］.上海：格致出版社，上海人民出版社，2008.

**【案例启示】** 如今的创业已不像改革开放初期，依靠政策或是利用现有的资源进行创业，度过野蛮创业期。现在，我们已进入一个对创业技术含量要求更高的、竞争更加激烈的新时期，这就要求创业者把握创业的新趋势，运用创业新模式来完成自己的创业梦想。

---

**本章您将了解到：**

● 创业的六个发展趋势

● 两种新的创业模式

---

# 第一节　创业新趋势

野蛮社会，体力可以统御财力和智力；资本社会，财力可以雇用体力和智力；信息社会，智力可以整合财力和体力。

——牛根生

## 一、低碳经济的机会

所谓低碳经济，是指在可持续发展理念的指导下，通过技术创新、制度创新、产业转型、新能源开发等多种手段，尽可能地减少煤炭石油等高碳能源的消耗，减少温室气体的排放，达到经济社会发展与生态环境保护"双赢"的一种经济发展形态。低碳经济的核心在于利用新能源技术和减排技术，通过制度和技术创新，实现产业结构转型，目的是实现绿色生产，提升绿色 GDP，宗旨在于推动社会主义经济健康、可持续发展，保护资源和环境，造福人类后代。

2009 年 9 月，胡锦涛主席在联合国气候变化峰会上承诺："中国将进一步把应对气候变化纳入经济社会发展规划，并继续采取强有力的措施。一是加强节能、提高能效工作，争取到 2020 年单位国内生产总值二氧化碳（$CO_2$）的排放比 2005 年有显著下降；二是大力发展可再生能源和核能，争取到 2020 年非化石能源占一次能源消费比重达到 15% 左右；三是大力增加森林碳汇，争取到 2020 年森林面积比 2005 年增加 4000 万公顷，森林储积量比 2005 年增加 13 亿立方米；四是大力发展绿色经济，积极发展低碳经济和循环经济，研发和推广气候友好技术。"在未来几年内，低碳经济这一发展趋势是不会改变的。低碳经济主要涉及新能源与节能减排两大行业。新能源行业主要包括风电、核电、光伏发电、生物智能发电、氢能等；节能减排包括智能电网、建筑节能、新能源汽车、余热锅炉、清洁煤发电等。随着低碳经济的到来，新能源与节能减排两大行业也会得到迅速的发展。这对创业企业来说，既是一个挑战，也是一个机遇。

## 二、现代农业的新投资

现代农业是指相对传统农业、过去的农业和后进的农业而言，在世界范围内处于先进水平的农业形态。现代农业具有以下几个基本特征：多元化的目标、现代化的手段、科学化的管理、社会化的服务、知识化的农民、优质化的产品。[①]

在 2009 年国际投资（大连）峰会上，国内多家风险投资负责人表示，在金融危机爆发的情况下，有机农业仍会保持快速增长，而且依然是风投目前最为青

---

① 高焕喜. 简论现代农业 [J]. 山东农业（农村经济），2003（4）.

睐的行业。近几年，许多创业者将目光转移向果蔬种植、水产品、家畜养殖等农产品的生产和推广，如一些重点大学的应届生毕业后共同创办起养猪场，养殖的猪都食用无公害、纯天然饲料，并且饲养周期较长，这就在产品上具有优势，再加上应届生各有所学、各有所长，也是创办企业的资源和能力。中国人民大学农业与农村发展学院教授张利庠对这一现象进行了分析，并指出："目前是现代农业投资的最佳时期。因为全球农产品价格都在猛涨，而中国农产品原料价格低、劳动力成本便宜，而且每当国家经济发展遇到困难时，像 IT 与高科技产业的发展速度都出现了放缓的迹象，而这些却为第一产业——现代农业的发展提供了良好的机遇。"

## 三、电子商务

电子商务是指通过电信网络进行的生产、营销、销售和流通等活动，它不仅指基于互联网上的交易，而且指所有利用电子信息技术来解决问题、降低成本、增加价值和创造商机的商务活动，包括通过网络实现从原材料查询、采购、产品展示、订购到出品、储运以及电子支付等一系列的贸易活动。

一般而言，电子商务具有以下几个特征：书写电子化、信息传递数据化、支付手段现代化、存货实现"零库存"、节约交易成本、经营规模无限制等。电子商务的主要商业模式是 B2B，即厂商对厂商，这种模式比 B2C 模式要获得更多的单笔交易利润。B2B 的主要经营模式是会员制，其盈利来源主要是收取会员费。在未来几年里，电子商务的发展将是拉动经济发展的重要动力。

## 四、垂直行业

所谓"垂直行业"，也就是形如"I"，不是涵盖广泛的行业，而是专注于某一领域，并在这一主行业中进行更深层次的开拓和寻找更深层次的发展。何庆源认为："中国有庞大的无线用户群，如果能找到垂直的、针对某类用户的市场，将其做好，就已经足够支撑一个创业企业。"比较典型的例子是，Sybase 通过实施垂直行业解决方案，在关注产品与技术的同时，重点集中行业优势与经验，做深做透行业应用，提供专业的技术服务与支持。

## 五、医疗服务市场

2009 年 4 月 6 日，《关于深化医药卫生体制改革的意义》和《2009~2011 年深化医药卫生体制改革实施方案》正式出台，并预计在 3 年内各级政府投入 8500 亿元，以保障该医改方案的顺利实施。新医改主要包括以下四个方面的内容：农村医疗基础设施、公共医疗、城市医疗服务和基础医疗的报销。新医改直接对医药行业、医疗市场及医疗器械等医疗服务市场产生了很大的影响，同时对中国医疗系统和医疗观念也是一次重大的冲击。但是，新医改在给医疗服务市场带来挑战的同时，也带来了新的机遇，主要体现在如下几个方面：促使医药行业扩容加速；促使县乡医药市场快速发展；促使医疗器械市场投资增加。

## 六、3G 发展

"3G"（3rd-generation）即第三代移动通信技术的简称，是指支持高速数据传输的蜂窝移动通信技术。中国互联网中心的数据显示，截至 2008 年 6 月底，中国网民中的 28.9%在过去半年曾经使用手机上过网，手机网民规模达到 7305 万人。基于中国手机用户的庞大规模和数量，随着 3G 的到来，中国移动互联网市场将会获得巨大的发展机会。3G 市场受到了越来越多的投资者的青睐，也满足了广大消费者对通信技术越来越高的要求。现在，3G 技术已经广泛应用于电子产品、通信工具、信息工具和软件的开发与研究上，这为创业者提供了新的契机。

# 第二节　创业新模式

业务模式当然是很容易拷贝的。问题是我们怎么去理解自己的企业，你到底是一种纯粹业务模式的优势，还是有业务模式之外的优势？企业的竞争力，不是简单的一种业务模式就可以取得一切，需要从内质上、细化上去挖掘，才有可能保持持续增长和发展。

——周成建

## 一、企业内创业

### （一）内创业的定义和特点

现在的市场竞争越来越依赖于企业的创新，激发公司内部的企业家精神显得越来越重要。所谓内创业，是指由一些有创业意向的企业员工发起的，在企业的支持下承担企业的某些业务内容或工作项目进行创业，并与企业分享成果的创业模式。内创业一方面满足了企业内部员工创业的需求，对企业员工是一种极大的激励；另一方面创业的员工能为企业开发新的产品、推广更多的渠道。

从以上的定义可知，内创业一般具有以下几个特征：

（1）内创业一般发生在一个成型的企业或组织当中，可以是从现有的业务衍生出来，也可以独立出来做全新的业务，成立不同类型的企业。

（2）内创业除了建立新的事业单位，也指创新活动和新创意的走向，如新产品的开发、新技术的推广、新管理模式的诞生等。

（3）具有打破常规、寻觅商机、主动创新的特点。

## （二）内创业的优点

从企业自身的角度出发，首先，企业内部创业是一种多元化经营的形式，能达到填补市场空白、扩大市场份额的作用，从而获取更多的盈利渠道，有利于实现战略目标，通过这种方式还可以延续企业的发展周期；其次，内创业是对有思想、有创新意识的员工的一种鼓励，能充分调动企业员工的积极性和创新力，从而留住优秀人才；最后，内创业是对企业现状的突破，能瓦解僵硬的管理模式，提高企业管理效率。

另外，从创业者的角度出发，创业者通过现有企业的支持，可以获得一部分市场资源、充分的资金和人力支援，这就比自主创业有更高的平台，路径就会快捷很多。而且，创业者如果失败，其承担的风险也会相对较分散。有一个针对Fortune 500 大公司的研究表明，在产品创新方面排前 100 名的公司有超过 60%都是通过内创业成立的；另外，很多学者也认为，内部创业是创新求胜的最有效的途径之一。

## （三）内部创业存在的问题

公司内部创业之路也困难重重，内创业可能存在以下缺陷：创业沉没成本过高、追求创意但忽略了对市场的把握、创业团队可能缺乏团队管理经验和项目经验、由于创业环境宽松创业者缺乏动力等。

为了克服这些困难，有两个方面的问题需要创业者注意：一是经营战略的管理和革新。创业者常常因为熟悉企业外部环境，并且有一定的客户资源，就把创业重点放在产品的创新上，这对团队管理和项目进程控制是不利的，所以内创业亦不可忽视创业战略的计划、执行和控制。另外，由于内创业既面临外界大环境，又面对现有企业的组织环境，这些环境在不断地变化，创业者要及时对经营战略进行创新与改进。二是现实中很多内创业团队成功以后，会对原有企业造成威胁，使某些既得利益的群体利益受损，最后导致内讧。所以，创业者要充分为这种现象的发生提前做好防范，处理好现有企业和新生企业人员之间的权、责、利的关系，以激发创业团队的激情，确保内创业的有效性。

## 二、网上创业

### （一）网上创业的定义和特点

网上创业，是指创业者在互联网环境下，利用各种资源、寻求机会、努力创新，并不断创造价值的过程。网上创业是随着互联网的发展而逐渐发展起来的一种新型的创业方式，它以迅速发展和低成本投入吸引了很多的创业者，为创业开辟了一个新的方向和道路。如阿里巴巴、百度、当当、卓越、淘宝等企业是网上创业成功的典范。

一般而言，网上创业包括以下几个特点：[1]

#### 1. 平民化

"平民化"指的是任何一个人都有资格在网上创业，它强调的是网上创业进入障碍很小，创业自由度高。在网上创业时代之前，要创办一个企业并非一件容易的事，创业者不仅要十分了解行业的行情以及背景知识，而且需要准备比较充足的创业资金，否则很难成功。但是网上创业则不同，"一根网线、一台电脑，再加上少量的启动资金，就可以实现创业的愿望"。

#### 2. 扩张速度快

互联网有个很著名的准则叫梅特卡夫准则，其具体内容是：一个网络的经济价值＝用户数量的平方。由此可知，网络的扩张速度是令人难以想象的。如淘宝网于2003年5月10日由阿里巴巴集团投资创立，到2009年，淘宝已聚集了2亿多的注册用户。在短短的6年时间里，淘宝扩张的速度是十分惊人的。借助互联网这一平台，一夜暴富的人不在少数。

#### 3. 全球化竞争

在很大程度上，全球化的经济是随着互联网时代的发展而出现的。在实体经济中企业之间的竞争是局限在一定的地理范围之内的，但是互联网打破了这一限

---

[1] 邓顺国等. 网上创业 [M]. 北京：高等教育出版社，2008.

制。在互联网这一环境中，企业与企业之间不存在地理位置的差距，任何一个新创的互联网企业从一开始就与全球的其他企业进行竞争。

**4. 融资渠道的多样化**

与传统产业相比，网上创业的融资渠道更广。传统产业的资金主要来源于自有资金和银行贷款，而网上创业的融资则主要是风险投资。风险投资意味着创业企业与融资企业共担风险。

**（二）网上创业的盈利模式**

目前，网上创业的盈利模式主要有如下几种：

**1. 网上商店和电子商务交易平台**

简单来说，网上商店就是在互联网上开一个虚拟的商店，将所有商品的图片展示在网站上，供顾客挑选，等顾客下单之后，则通过邮寄的方式将商品的实物寄给顾客。一般而言，网上商店的进入门槛低，自由度大，且利润可观，是现在人们首选的创业方式。电子商务交易平台是指网络公司通过与银行合作，在网上构建交易平台，为网上商家和消费者提供服务，比较典型的是淘宝网。

**2. 搜索引擎**

搜索引擎是网站信息发布和查询的重要工具，如百度、谷歌、搜狐等。互联网时代也是一个信息时代，在这个信息时代里，人们面对的是海量的信息，要在这些信息中甄选出对自己有用的信息是十分困难的，而搜索引擎为人们解决了这一难题。因此，人们越来越依赖于搜索引擎来获取信息和发布信息。

**3. 网络媒体**

网络媒体是指一定的组织或个人，在以计算机为核心的各种多媒体交互式数字化信息传输网络上建立的，提供各种新闻与信息服务的相对独立的站点。与其他媒体相比，网络媒体具有及时性、海量性、全球性、互动性、多媒体性等特点。这种方式为人们提供了方便、快捷的服务，越来越受到用户的喜欢和认可。

**4. 网络信息咨询服务和网络订阅**

网络信息咨询服务是指一些专业人士如医生、律师、顾问等在互联网上创建网站，为顾客提供相关专业问题的解答，如健康咨询服务、法务服务等。这种服务通常是要收取一定费用的。网络订阅是指在互联网上订阅一些资料或读物，如新闻、小说等。网络订阅的更新速度很快、成本低，而且携带方便，因此受到很多年轻人的青睐。如今，很多大学生都把网络订阅当成了一种主要的阅读方式。

### 5. 网络广告

网络广告就是利用网站上的广告横幅、文本链接、多媒体等方法，在互联网上刊登或发布广告，通过网络传递给互联网用户的一种高科技广告运作方式。目前，网络广告市场正在飞速发展，网络广告发挥的效用也越来越重要。

### 6. 网络游戏

网络游戏，又称为在线游戏，是指以互联网为传输媒介，以游戏运营商服务器和用户计算机为处理终端，以游戏客户端软件为信息交互窗口的具有相当可持续性的个体性多人在线游戏。其主要是以实现娱乐、休闲、交流和取得虚拟成就等为目的。网络游戏目前使用的形式主要分为浏览器形式和客户端两种形式，如天书奇谭、热血三国、开心农场等属于浏览器形式的网络游戏，而魔兽世界、冰岛、梦幻西游等则属于客户端形式的网络游戏。

### （三）网上创业的优势

网上创业已经成为目前最为流行的一种创业方式，网上创业之所以如此受欢迎，主要得益于以下几个优势：

### 1. 成本低、费用少

"一根网线、一台电脑，再加上少量的启动资金，就可以实现创业的愿望。"这充分说明了网上创业的低成本。网上创业的费用主要是宽带上网的费用和人员费用。现在，互联网企业通常都可以用 QQ 或阿里旺旺等在线聊天，什么问题都能及时在线解决，不需要电话咨询或解答，这样可以节约一大笔电话费用。

### 2. 组织结构简单

一个互联网企业基本上是由一个老板和若干员工组成，实现了扁平化的组织结构。这不仅可以及时、快速地解决出现的问题，而且减少了机构臃肿、浪费资源的情况。

### 3. 风险系数低

一般情况下，由于在网上创办企业所需的成本和费用都比较低，因而即使企业倒闭也不会损失很大，而且卷土重来的机会很多。

### 4. 利润丰厚

互联网企业只要做得好，其销量会成指数上升，当然其利润就不用说了。如阿里巴巴在很短的时间内，从每天赚 1 元发展到每天交税 100 万元，这是传统创业方式很难实现的。

## 本章小结

本章的内容主要分为两部分：创业的新趋势和创业新模式。目前，创业包括六个新趋势，即低碳经济的机会、现代农业的新投资、电子商务、垂直行业、医疗服务市场、3G 发展。随着创业环境的不断发展变化，创业形成了内创业和网上创业两种主要的新模式。

# 第九章　创业与企业家精神的哲学与艺术

## 修行如弹琴

禅师有个学徒很认真，天天闲时就打坐，早晚念经，但是总感觉还没有开悟，常常很困惑。禅师告诉他："你拿个葫芦，装满水，再找一些粗盐放进去，若能将它融化，你就能开悟了。"

学徒不解，但还是按照禅师说的去做了。但葫芦又小，盐又粗大，水装得满满的不好搅动，根本化不开，就跑去问禅师。

禅师接过葫芦，把一些水倒掉，又递给学徒让他再试试。学徒接过，将葫芦摇了摇，这次水在葫芦里翻来滚去，很快粗盐就溶化了。他问禅师："禅师，盐化掉了，这是为什么呢？"

禅师说道："你看这葫芦，装的水太多，搅动起来就困难，释放出一些空间，自然可以摇开来。这就如修行，天天用功，不给自己留些空间去思考，最后脑子里装的都是别人的思想，哪还能开悟？"

学徒又问道："难道不用功就能开悟吗？"

"修行如弹琴，琴弦绷得太紧就容易断掉，拿捏得太松又弹不出声音。把握好尺度，才能弹得顺畅，保持一颗平和的心，就能奏出一曲好琴。"

学徒大悟："哦，师父我明白了，修行绝对不能急于求成，只想着开悟，最后反而不能开悟。"

资料来源：龙子民. 禅说管理 [M]. 北京：地震出版社，2005.

**【案例启示】** 管理如修行，中正平和是管理的最高思想境界。企业家是企业的灵魂，他的一言一行都能有形或无形地影响企业的文化及下属的行为。尤其在现代企业制度的今天，企业家的个人修养水平不仅决定了企业的素质，而且深刻影响着企业的管理理念和管理艺术。

---

**本章您将了解到：**

● 企业家的基本素质

● 企业家精神的培养

---

# 第一节　企业家素质的管理哲学

登高莫问顶，途中耳目新。

——潘刚

一个企业的命运取决于企业的全体职工素质，更取决于企业家的素质。因为企业家处于企业的中心地位，是企业的核心，掌握着经营决策大权，引导企业向何处去。企业家的个人素质必然影响到企业的整体素质，企业家的个人形象也必然体现出企业的整体形象。因此，企业家要以身作则，身先士卒，为员工树立好的榜样，用实际行动体现对事业的奉献精神，体现质量第一的经营方针，身教重于言教，是非常重要的。

## 一、企业家素质之一：道德

道德是指一定社会、一定阶级向人们提出的处理个人与个人、个人与社会之间各种关系的一种特殊的行为规范。企业家的道德素质是指在企业经营管理过程中应遵循的原则和标准，它既影响到企业家自身的职业生涯发展，又深刻地关系到企业的形象和声誉，而且还决定了企业员工的商业道德水平。

其中，诚信是道德素质中比较重要的因素之一。诚信即诚实、讲求信用，所谓"以诚待人，取信于人"，诚信是留住顾客、留住人才的根本。诚信是企业的立业之本，与企业的品牌和顾客商誉价值紧密相关。若失去了顾客的信任，就丢掉了市场份额，更失去了作为企业应有的信誉和名声，最终导致企业所做的一切功亏一篑。诚信是商品社会的社会契约之一，是市场经济有序发展的前提，也是企业健康发展的保证。

另外，强烈的社会责任感也是道德素质中的重要组成部分。社会责任是指一个组织对社会应承担的责任。实践证明，从长远来看，社会责任不仅是企业应尽的义务，也是企业发展的重要机遇。而且随着全球经济的迅速发展，企业的社会责任越来越成为企业突破全球市场的重要杠杆。勇于承担社会责任的企业，不仅可以在公众心中树立良好的企业形象，而且还能够提升其品牌的知名度。因此，一名成功的企业家必须具备强烈的社会责任感。

企业是由利益相关者和道德规范组织而成的一张网，道德建设决定着企业的生存，道德健康决定企业寿命的长短。只有具备良好道德的企业家，才会造就有道德的企业，才能造就百年老店。道德危机也就是企业的生存危机。道德问题的复杂性在于它属于一种意识形态，不易把握；处理问题的困难就在于道德的评判标准不明确，不易判断。所以作为一名企业家，应以身作则，树立良好的、明确的道德观和正确的行为准则。

【拓展阅读】

## 路上的水坑

财神想把发财的机会赐给凡间一个人，他看到路上有一个水坑，就站在水坑附近，观察谁是值得托付的人。

等了一会儿，陆续有人走来了。一些人被水坑绊倒了，溅了一身泥，起来乱骂几句，愤愤离开；一些人看到水坑，拎起裤腿小心跨过；一些人绕道而行。财神很失望，没有他要找的人。被绊倒的人遇到问题不知道如何解决，只知道嘴上说说；直接跨过的人虽然谨慎小心，但只顾眼前；绕道的人是比较聪明，但那是小聪明，做不成大事。把发财的机会交给这些人，财神还真不放心。

这时，走来一个年轻人，他看到水坑，卷起衣袖，就近搬了一块大石头把坑填满，然后又捧了些沙石填在石块周边的空隙里，用脚将水坑踩得跟路面其他地方一样平，这样，才安安心心地走过去。财神看了很满意，将一根小金棒丢在年轻人面前，年轻人走着走着看到了，捡起来非常兴奋，他想了个主意，为何不把小金棒换成钱，号召大家给家乡修条好路呢？

财神看完笑了，这年轻人不光想着自己，还考虑到别人，甚至把未来的事情都想好了，这正是我要找的人！

资料来源：http://www.07938.com/zheligushi/201111/49037.html.

## 二、企业家素质之二：能力

能力是指顺利完成某一活动所必需的条件，它直接影响着活动的效率。一般而言，企业家的能力素质可综合为五种基本能力，即谋划决策能力、组织指挥能力、沟通能力、灵活应变能力和变革创新能力。

### (一) 谋划决策能力

谋划决策能力的高低直接影响到组织目标能否实现，对企业的发展有着十分重要的影响，因而是企业家必备的能力素质之一。而要做出一个正确的决策，并非一件容易的事情，因为从决策到结果的出现是一个过程，很多必然或偶然因素在其中起作用。但是，如果在谋划决策前，对事物进行深入的调查研究，并根据科学知识和以往的实践经验来分析和判断，那么，决策的正确性往往能够得到很大的提高。另外，"众人拾柴火焰高"，集体的智慧也是不容忽视的。

简单来说，决策制定的过程也就是"权衡利弊"的过程。所以，在决策过程中，每作出一项选择，都与机会、风险、利害关系、压力、责任等问题相关联。每个决策都是有一定时效性的，过了这个最佳时期，决策的效果就要大打折扣，甚至会导致决策的失败。因而，在权衡利弊时，企业家不能为了追求完美而犹豫不决。正所谓"有所得必有所失"。企业家应该清楚地知道该决策的得与失，然后具体情况具体分析。

### (二) 组织指挥能力

随着经济的全球化发展，企业家逐渐面临着多元化的员工管理和跨文化的领导，这无疑给他们带来了前所未有的挑战。在这样的环境下，如何更快地组织和协调由具有差异化的员工所组成的团队，并集中力量实现共同的目标，就需要企业家充分发挥组织指挥的能力。

企业家的组织指挥能力不仅是指团队建设、领导员工的能力，而且还包括培养和提升下属的能力。为了更好地发挥团队的力量，企业家除了自身需要拥有很好的组织领导技能外，还必须不断地挖掘员工的潜能，使员工能够发挥其最大的功效。其中，培训和学习是提升员工技能的主要途径之一。近几年来，学习在组织中的作用越来越重要，成为学习型组织不可或缺的一部分，而学习的主要目的是寻求创新。创新是一个永恒的话题，没有创新就没有进步，没有进步就只能落后，最终被竞争淘汰。所以，企业家必须通过各种激励措施来激发团队成员的创新能力，提高团队成员的积极性，从而造就一支积极向上、敢于创新、可持续发展的高竞争力团队。

### （三）沟通能力

在组织内，为了更好、更快地实现组织的目标，企业家必须要协调不同的员工一起来完成各种任务，而这个过程就是一个沟通的过程。在组织外，企业为了在竞争中获胜，不可避免地要与其他组织或企业进行合作，要减少企业文化差异所带来的消极影响，就更离不开企业家高超的沟通技能了。沟通能力并不仅仅是嘴上"说"的功夫，更重要的是倾听和理解。将信息发出去后，还应该关注员工是否真正理解了；如果没有，那么沟通便是无效的。在员工反馈信息的时候，企业家应该积极地倾听，并从中发现问题。另外，通过有效的沟通，企业家可以将组织的愿景有效地传达给员工，从而使员工对自己的工作有一个更加清楚的认识。

### （四）灵活应变能力

商战犹如兵战，瞬息万变。在激烈的市场竞争中，企业家必须善观行情变幻，机警灵敏应付自如。企业家经常扮演这样一个角色：在一定的环境中引导组织员工朝着一个实现组织目标的方向前进。在这个过程中，环境是不断变化的，组织员工也是不断变化的，就连企业家自身也在不断改变。因此即便企业家认识能力和预见能力再强，也不可能预见事物发展变化的所有可能性。但这并不是否定计划的作用和意义。正是由于未来是不确定的，所以才要有所规划。在动态的环境中，我们不能为了按计划进行而忽视外部变化，而必须根据具体的情况对计划进行相应的调整，这就要求企业家要有处变不惊、临危不惧的能力，可以随着环境的变化不断地调整商业策略，从而实现既定的目标，或者通过修正决策，重新确定目标，化危为机。

### （五）变革创新能力

变革创新能力对企业家来说是最不可或缺的一项能力。当企业发展到一定的程度，各种问题就不约而同地涌现出来，此时企业需要通过组织变革来使组织重新回到正常运转的轨道上来。而在如今竞争可谓"惨烈"的情况下，一个企业如果缺乏创新，则很难持续地发展下去。所以，企业家不仅要适应各种变革，还要在组织面临危机的情况下主动发起变革，而且要在不断提高自我创新能力的同时，鼓励组织员工创新。

### 三、企业家素质之三：心理

心理素质是指一个人的心理过程和个性方面表现出来的持久而稳定的基本特点。由于企业领导者是战略的决策者，每一个决策都有可能直接影响到企业的生存和发展，承担的风险很大，因而工作的压力自然也大。而且随着市场竞争愈演愈烈，良好的心理素质对企业领导者而言是必不可少的。常言道："心态决定一切"、"心态比能力更重要"、"心态决定成败"等，这些无不体现了心理素质的重要性。在面对危机或重大事故时，有的企业家急得像热锅上的蚂蚁，越忙越乱；有的企业家则能从容不迫、沉着应对。前者会给企业员工一种消极的信息，往往导致其士气低落，而后者则能让企业员工坚定信心，积极应对。因此，危机发生的时候则是考验企业家心理素质的时候。心理素质具体表现为以下几个方面：

#### （一）敢于决断的气质

企业家在做决策时，如果犹犹豫豫，很容易错过最佳时机，导致决策的效益大大降低；相反，如果匆匆忙忙做决策，又很容易因为信息不全、考虑不周，导致决策的失误。每一个决策都必须在一定的时间内完成，因为决策具有时间性。所以在做决策之前，企业家应该对问题进行周全的分析，然后不失时机、勇敢果断地解决问题。

#### （二）竞争开放型的性格

随着经济的全球化，企业之间的竞争日益激烈。"成者王，败者寇"，缺乏竞争的意识、没有奋力向上的精神，则只会落后和被淘汰。特别是对于企业家来说，应该敢为人先、善于争先。要在竞争中获胜，还必须"与时俱进"，这就要求企业家思想开放。

#### （三）坚韧不拔的意志

正所谓"宝剑锋从磨砺出，梅花香自苦寒来"。成功需要坚持不懈、坚韧不拔，否则很容易半途而废。作为员工的榜样，领导者更应该具备这样的意志。特别是在组织变革或者开拓创新的时候，挫折和失败在所难免，只有具备不畏失败和百折不挠的毅力，才能经得起各种风浪的考验。

### 四、企业家素质之四：知识

在知识竞争时代，企业家不但要加强学习，还要以超前的意识不断地调整自己的知识结构，从而适应不断变化的环境。企业家的知识素质应呈"T"型结构，说明企业家必须具备广博而深刻的知识。具体而言，企业家应该具备解决生产、销售、管理、财务和其他需要解决的问题所必需的知识。作为一名企业的开拓者，必须拥有广博的知识，才能适应企业发展的要求。

## 第二节  企业家精神的五项修炼

不要停止成长，终身学习对职业的成功显得越来越重要。

——约翰·科特

### 一、第一项修炼：学

"学"指的就是学习知识。所谓"学海无涯"、"学无止境"。企业家要想不断地获得成功，就必须不断地学习。

知识可分为间接知识和直接知识，也可分为显性知识和隐性知识。知是智的基础。从知到智，是一个创新的过程。相同的知识，不同的人有不同的感悟。智是谋的基础。将学到的知识运用到实践中，这也是一个创新的过程。把知识的积累转化成智慧，把智慧转化为谋略，再通过谋略的实践学到新的知识，从新的知识再转化为新的谋略，这是一个循环反复、不断上升的创新过程。

随着知识和信息时代的到来，构建学习型组织成为企业家的首要任务。企业家及其组织的不断学习是克服企业成长过程中企业家认知定势的重要手段之一，同时也是企业创新的重要来源之一。

## 二、第二项修炼：察

"察"的基本字义是：仔细看，调查研究。毛泽东曾说过："没有调查就没有发言权。"只有进行调查研究，才能深入事物或问题的本质，才能把握住事物的发展趋势。古语"知己知彼，百战不殆"强调的也是"察"的能力。"知己"指的是企业家必须站在整个企业的高度，不仅仅只看到企业的现状，同时也要规划企业的未来，并不断地引导组织成员向实现企业的愿景不断地努力奋斗。"知彼"指的是充分了解市场环境的发展、竞争对手的举动、顾客需求的变化等信息，这样才能做到"百战不殆"。

另外，"察"强调的是企业家的眼光。简单来说，眼光也就是洞察力，即识别能力和对事物发展趋势的把握能力。任何创业机会或创新机会的识别都需要企业家敏锐的洞察力。这种洞察力取决于先天的资质和后天的培养，对于大多数人而言，后者更为重要。

## 三、第三项修炼：悟

"悟"的词义是：理解、明白、觉醒。在这里，"悟"强调的是深入事物的本质，抓住事物的客观规律。所谓"天下万物生于有，有生于无"，万事万物的发展都必须遵循一定的客观规律。可以说事物有事物的演化规律，企业有企业的发展规律，我们要客观地观察，深入地认识，认真地研究。反之，虽成必败，虽盛必衰。其中一个比较典型的理论是生命周期理论。企业的成长从出生、成长、成熟和衰退有其发展规律，每个时期有其特点和竞争状况，如何把握客观规律，随内部变化而调整策略，满足不同时期市场的需求，以不变应万变，是许多企业面临的问题。

企业家不仅要不断地学习已有的客观规律，而且要在实践过程中不断地摸索，发现新的潜在规律。在不断变幻的环境下，企业家要拥有非凡的洞察力，抓住事物的本质和客观规律。

## 四、第四项修炼：谋

"谋"指的是谋略、策划。一名成功的企业家，犹如三国中的诸葛亮，能够"运筹帷幄之中，决胜千里之外"。谋略的好与坏直接决定着一个计划的成功与否。孙子曰："凡战者，以正合，以奇胜。故善出奇者，无穷如天地，不竭如江河。"这是"谋"的精髓所在，一直沿用至今。"正"是指合民心，顺应大众的需求，在战争中处于优势的地位；"奇"是指通过人们意料之外的方法或者一种新的方法来战胜敌人，即所谓的"出其不意，攻其不备"。"以正合，以奇胜"是孙子的"先胜"和"为胜"思想。

对于企业而言，"正"就是在市场上有竞争优势，"奇"指的是不断地创新。仅有"正"而无"奇"，即如果一个企业仅仅只是在市场上拥有竞争优势，而没有持续地创新，那么这个企业可以获得利润但是其发展的前景不大；仅有"奇"而无"正"，即企业不断创新，但是却无法获得持续的竞争优势，这样也不过是昙花一现、过眼云烟。"正与奇"不能割裂而论，"以正合，以奇胜"，则企业可以无往而不胜。

## 五、第五项修炼：神

在这里，"神"指的是企业家的内心态度、思想境界和理想追求。以下是企业家应该具备的三种精神：

## （一）回报社会的人生观

所谓"取之于民，用之于民"。从社会中获得了我们所需要的东西，那么我们也应该回过头来回报社会。企业家是社会中的一员。"国家兴亡，匹夫有责"，企业家不仅仅要对企业的兴亡负责，而且要把社会的兴亡视为自己的责任。这就要求企业家拥有一个宽广的胸襟，放眼社会，回报社会。简单来说，企业回报社会，反过来，社会帮助企业，这是一个互动的过程。

## （二）诚、信、勤、敬的职业观

诚实、守信、勤劳、敬业是企业家必须拥有的职业道德观。所谓职业道德，就是指在工作中应该遵循的行为准则，是职业生涯中不可或缺的基本素质，它不仅充分体现了企业家的精神所在，也是企业家获得成功的重要法宝。另外，企业家也要培养员工的职业道德观，因此这便要求企业家要以身作则，起好模范带头作用。随着网络时代和信息时代的到来，人们获取信息的能力不断增强，信息也传播得越来越快。俗话说"好事不出门，坏事传千里"。企业如果欺骗顾客或客户，人们通过互联网就可以在很短的时间内得到这个信息，那对于整个企业的影响将是巨大的，甚至会导致其破产或倒闭。所以，诚实守信已经成为一个企业生存与发展的重要前提。

## （三）社会责任心

不管是企业家还是公众，都常常陷入这样的误区，认为做慈善就是有社会责任心的表现，有社会责任心的企业就得做慈善。其实，只要做好本分工作，遵守法律法规，遵循道德的约束，不做违背自然规律和社会道德的事，就是承担社会责任的表现。2008年一度被闹得沸沸扬扬的"三鹿奶粉危机"以及国美电器前主席黄光裕被调查等事件的爆出，再次引起公众对企业家道德底线的质疑。企业与社会、公众是什么关系，如何处理这些关系，如何承担起企业家应担的社会责任，是值得所有企业家认真思考的问题。

## 本章小结

　　一个企业的命运取决于企业全体职工的素质，更取决于企业家的素质。本章主要介绍了企业家素质的管理哲学，以及企业家精神的五项修炼：学、察、悟、谋、神。"学"指的就是学习知识；"察"指的是仔细看、调查研究，强调的是企业家的眼光；"悟"强调的是深入事物的本质，抓住事物的客观规律；"谋"指的是谋略、策划；"神"指的是企业家的内心态度、思想境界和理想追求。

　　通过本章的学习，相信大家对创业过程中企业家应具备的素质和能力、创业风险、创业趋势、企业家的管理哲学有了一定的了解。常说"纸上得来终觉浅，绝知此事要躬行"，所以在学习了一定的理论知识后，最重要的是要将其运用到实践中去，这样才能学以致用。

# 参 考 文 献

[1] 陈忠卫. 创业团队企业家精神的动态性研究 [M]. 北京：人民出版社，2007.

[2] 张玉利，张维，陈立新. 创业管理——理论与实践的新发展 [M]. 北京：清华大学出版社，2004.

[3] 葛建新，周卫中，傅晓霞. 创业学 [M]. 北京：清华大学出版社，2004.

[4] 梁巧转，赵文红. 创业管理 [M]. 北京：北京大学出版社，2007.

[5] 杜跃平. 创业管理 [M]. 西安：西安交通大学出版社，2006.

[6] 小阿瑟·汤普森，约翰·甘布尔，斯特里克兰. 战略管理：获取竞争优势 [M]. 北京：机械工业出版社，2006.

[7] 刘志阳. 创业学 [M]. 上海：格致出版社，上海人民出版社，2008.

[8] 邓顺国等. 网上创业 [M]. 北京：高等教育出版社，2008.

[9] 龙子民. 禅说管理 [M]. 北京：地震出版社，2005.

[10] 王国红，唐丽艳. 创业与企业成长 [M]. 北京：清华大学出版社，2010.

[11] 杰弗里·扬. 福布斯电脑革命 [M]. 尹灿等译. 海口：海南出版社，1999.

[12] 英涛. 第一桶金：改变命运的 68 个创业创奇 [M]. 北京：中国纺织出版社，2009.

[13] 赵伊川. 创业管理 [M]. 北京：中国商务出版社，2004.

[14] 彼得·德鲁克. 创新与企业家精神 [M]. 北京：清华大学出版社，2007.

[15] 侯先荣，吴奕湖. 企业创新管理：理论与实践 [M]. 北京：电子工业出版社，2003.

[16] 熊钟琪. 中国企业创新案例 [M]. 长沙：国防科技大学出版社，2005.

[17] 李颖生，鲁培康主编. 营销大变革：开创中国战略营销新范式 [M]. 北京：清华大学出版社，2009 .

[18] 张黎明. 创业战略管理 [M]. 北京：清华大学出版社，2006.

[19] 卡彭特，桑德斯. 战略管理：动态观点 [M]. 王迎军等译. 北京：机械工业出版社，2009.

[20] 李欣，彭小海. 钥匙：打造高效团队秘笈 [M]. 北京：机械工业出版社，2008.

[21] 张声雄，姚国侃.《第五项修炼》实践案例 [M]. 上海：上海三联书店，2002.

[22] 陈震红，董俊武. 国外创业研究的历程、动态与新趋势 [J]. 外国经济与管理，2004（2）.

[23] 郭戎. 中国创业风险投资业的发展趋势 [J]. 中国科技投资，2009（10）.

[24] 王震寰. 如何规避创业风险 [J]. 成才与就业，2007（24）.

[25] 牟永红. 创业中的人员风险及管理 [J]. 经济管理，2003（7）.

[26] 张亚莉，杨乃定. 企业内部人力资源风险防范 [J]. 科学学与科学技术管理，2001（11）.

[27] 张玉利. 企业家精神与创业风险 [J]. 中国中小企业，2002（6）.

[28] 王宝森. 浅析三个创业失败案例 [J]. 生意通，2011（6）.

[29] 富翁与穷汉 [J]. 商业故事，2011（5）.

[30] 高焕喜. 简论现代农业 [J]. 山东农业（农村经济），2003（4）.

[31] 李蕊娟. 淘金巴基斯坦，中国小伙靠卖"功夫鞋"发了 [J]. 致富时代，2011（7）.

[32] 雷云. 创业失败案例分析 [J]. 生意通，2008（7）.

[33] 孙继平. 企业内部创业研究 [D]. 吉林大学，2005.

# 后 记

2011 年 9 月，中国社会科学院哲学社会科学创新工程正式启动，该工程将学术观点和理论创新、学科体系创新与管理创新、科研方法与手段创新作为创新的主要内容。创新工程的理念与我们的构思不谋而合，在团队成员的共同努力下，我们完成了《21 世纪工商管理文库》的编写工作，本文库始终把实践和理论的结合作为编写的基本原则，寄希望能为中国企业的管理实践提供借鉴！

## 一、我们的团队

我们的团队是由近 200 名工商管理专业的硕士、博士（大部分已毕业，少数在读）组成的学习型团队。其中已毕业的硕士、博士绝大多数是企业的中高层管理者，他们深谙中国企业的发展现状，同时又具备丰富的实践经验，而在读硕士、博士则具有扎实的理论基础，他们的通力合作充分体现了实践与理论的紧密结合，作为他们的导师，我感到无比的自豪。根据构思及团队成员的学术专长、实践经验、工作性质、时间等情况，我们挑选出 56 名成员直接参与这套文库的编写，另外还邀请了 62 名（其中 5 名也是编写成员）在相关领域具有丰富理论和实践经验的人员针对不同的专题提出修改意见，整套文库的编写人员和提供修改意见的人员共有"113 将"。我是这套文库的发起者、组织者、管理者和领导者，同时也参与整套文库的修改、定稿和部分章节的编写工作。

本套文库从构思到定稿历时 8 年，在这 8 年的时间里，我们的团队经常深入企业进行调研，探究企业发展面临的问题和困境，了解企业管理者的困惑和需要，进一步将理论应用于实践并指导实践。我们经历了很多艰辛、挫折，但不管多么困难，总有一种使命感和责任感在推动着我们，让我们勇往直前，直至这套文库问世。

本套文库在中国社会科学院工业经济研究所研究员、经济管理出版社社长张世贤教授的大力支持和帮助下被纳入中国社会科学院哲学社会科学创新工程项目，并得到该项目在本套文库出版上的资助，同时，张世贤教授还参与了本套文库部分书籍的审稿工作，并且提出了很多宝贵的意见。另外，经济管理出版社总编室何蒂副主任也参与和组织了本套文库的编辑、审稿工作，对部分书籍提供了一些有价值的修改意见，同时还对本套文库的规范、格式等进行了严格把关。

有56名团队成员参加了本套文库的编写工作，他们为本套文库的完成立下了汗马功劳。表I列出了这些人员的分工情况。

表I    团队成员分工

| 书名 | 编写成员 |
| --- | --- |
| 1. 战略管理 | 龚裕达（中国台湾）、胡中文、温伟文、王蓓蓓、杨峰、黄岸 |
| 2. 生产运作管理 | 李佳妮、胡中文、李汶娥、李康 |
| 3. 市场营销管理 | 胡琼洁、李汶娥、谢伟、李熙 |
| 4. 人力资源管理 | 赵欣、马庆英、李汶娥、谭笑、陈志杰、卢泽旋 |
| 5. 公司理财 | 赵欣、易强、胡子娟、向科武 |
| 6. 财务会计 | 陈洁、周玉强、高丽丽 |
| 7. 管理会计 | 高丽丽、胡中文、符必勇 |
| 8. 企业领导学 | 张伟明、黄昱琪（中国台湾） |
| 9. 公司治理 | 黄剑锋、符斌、刘秋红 |
| 10. 创业与企业家精神 | 张伟明、严红、林冷梅 |
| 11. 企业后勤管理 | 赵欣、钱侃、林冷梅、肖斌 |
| 12. 时间管理 | 苏明展（中国台湾）、胡蓉 |
| 13. 企业危机管理 | 胡琼洁、林冷梅、钱侃 |
| 14. 企业创新 | 符斌、刘秋红 |
| 15. 企业信息管理 | 肖淑兰、胡蓉、陈明刚、于远航、郭琦 |
| 16. 企业文化管理 | 符斌、谢舜龙 |
| 17. 项目管理 | 于敬梅、周鑫、陈赟、胡亚庭 |
| 18. 技术开发与管理 | 胡中文、李佳妮、李汶娥、李康 |

| 书名 | 编写成员 |
|---|---|
| 19. 设备管理 | 马庆英、于敬梅、周鑫、钱侃、庞博 |
| 20. 公共关系管理 | 谢舜龙、符斌、余中星、吴金土（中国台湾）、刘秋红 |
| 21. 组织行为学 | 马庆英、赵欣、李汶娥、刘博逸 |
| 22. 无形资产管理 | 张伟明、陈洁、白福歧 |
| 23. 税务筹划 | 肖淑兰、陈洁 |
| 24. 宏观经济学 | 赵欣、汤雅琴 |
| 25. 金融机构经营与管理 | 胡琼洁、汤雅琴、江金 |
| 26. 行政管理学 | 温伟文、张伟明、林冷梅 |
| 27. 商法 | 高丽、胡蓉 |
| 28. 管理科学思想与方法 | 陈鸽林、陈德全、郭晓、林献科、黄景鑫 |
| 29. 管理经济学 | 周玉强、汤雅琴 |
| 30. 企业管理发展的新趋势 | 龚裕达（中国台湾）、符斌 |
| 31. 企业管理的哲学与艺术 | 龚裕达（中国台湾）、黄昱琪（中国台湾） |

有 62 名企业界的中高层管理人员、从事工商管理研究的学者以及政府公务员为我们的编写工作提供了建设性修改意见，他们的付出对提升本套文库的质量起到了重要的作用。表Ⅱ列出了这些人员对相应书籍的贡献。

### 表Ⅱ 提供修改意见的人员名单及贡献

| 姓名 | 书名 | 工作单位、职务或职称 | |
|---|---|---|---|
| 1. 张世贤 | 商法<br>宏观经济学 | 中国社会科学院工业经济研究所<br>经济管理出版社 | 研究员<br>社长 |
| 2. 何蒂 | 管理会计<br>时间管理 | 经济管理出版社总编室 | 副主任 |
| 3. 邱德厚（澳门） | 管理经济学<br>企业危机管理 | 广东彩艳集团 | 董事长 |
| 4. 冯向前（加拿大） | 税务筹划 | 国际税务咨询公司<br>中国注册执行税务师 | 总经理 |
| 5. 陈小钢 | 行政管理 | 广州市黄埔区 | 区委书记 |
| 6. 温伟文 | 宏观经济学 | 广东省江门市蓬江区政府<br>（原广东省江门市经信局局长） | 区长 |
| 7. 曹晓峰 | 公共关系管理 | 广东交通实业投资有限公司 | 董事长 |
| 8. 梁春火 | 企业领导学 | 广东移动佛山分公司 | 总经理 |
| 9. 邓学军 | 市场营销管理 | 广东省邮政公司<br>（原广东省云浮市邮政局局长） | 市场部经理 |
| 10. 冯礼勤（澳大利亚） | 企业创新 | 迈克斯肯国际有限公司 | 董事长 |
| 11. 马兆平 | 人力资源管理 | 贵州高速公路开发总公司 | 副总经理 |

| 姓名 | 书名 | 工作单位、职务或职称 | |
|---|---|---|---|
| 12. 武玉琴 | 项目管理 | 广东恒健投资控股有限公司投资部<br>北京大学经济学院博士后 | 副部长 |
| 13. 方金水 | 金融机构经营与管理 | 交通银行深圳分行 | 副行长 |
| 14. 陈友标 | 时间管理 | 广东华业包装材料有限公司 | 董事长 |
| 15. 李思园（中国香港） | 公司理财 | 香港佳宇国际投资有限公司 | 总经理 |
| 16. 李志新 | 企业领导学 | 广州纺织工贸企业集团有限公司 | 董事长 |
| 17. 郑锡林 | 人力资源管理 | 珠海市华业投资集团有限公司 | 董事长 |
| 18. 李活 | 项目管理 | 茂名市金阳热带海珍养殖有限公司 | 董事长 |
| 19. 朱伟平 | 战略管理<br>人力资源管理 | 广州地铁广告有限公司 | 总经理 |
| 20. 沈亨将（中国台湾） | 战略管理 | 广州美亚股份有限公司 | 总经理 |
| 21. 罗文标 | 生产运作管理<br>人力资源管理 | 华南理工大学研究生院 | 研究员 |
| 22. 张家骕 | 企业危机管理 | 北京德克理克管理咨询有限公司 | 董事长 |
| 23. 廖洁明（中国香港） | 企业危机管理 | 香港警务及犯罪学会 | 主席 |
| 24. 陈国力 | 项目管理 | 广州洪珠投资有限公司 | 总经理 |
| 25. 黄正朗（中国台湾） | 财务会计<br>管理会计<br>无形资产<br>公司理财 | 台一国际控股有限公司 | 副总经理 |
| 26. 彭建军 | 创业与企业家精神 | 恒大地产集团 | 副总裁 |
| 27. 应中伟 | 时间管理 | 广东省教育出版社 | 社长 |
| 28. 黄昱琪（中国台湾） | 税务筹划 | 广东美亚股份有限公司 | 副总经理、财务总监 |
| 29. 黄剑锋 | 市场营销管理 | 中国电信股份有限公司广州分公司市场部 | 副总经理 |
| 30. 周剑 | 技术开发与管理<br>公司治理 | 清华大学能源研究所副教授 | 博士后 |
| 31. 杨文江 | 公司治理 | 广州御银股份有限公司 | 董事长 |
| 32. 陈洪海 | 公司理财 | 深圳联通龙岗分公司 | 副总经理 |
| 33. 沈乐平 | 商法 | 华南理工大学工商管理学院教授 | 博士生导师 |
| 34. 谢舜龙 | 行政管理 | 汕头大学商学院 | MBA 中心副主任 |
| 35. 刘璘华 | 企业创新 | 广东工业大学科研处副处长 | 教授 |
| 36. 吴晓宝 | 创业与企业家精神 | 广州增健通信工程有限公司 | 董事长 |
| 37. 周枝田（中国台湾） | 企业后勤管理<br>生产运作管理 | 诚达集团 | 副总经理 |
| 38. 许陈生 | 宏观经济学<br>管理经济学 | 广州外语外贸大学经贸学院 | 教授 |
| 39. 何莽 | 设备管理<br>税务筹划 | 中山大学旅游管理学院 | 博士后 |
| 40. 苏明展（中国台湾） | 设备管理 | 广州德进机械设备安装有限公司 | 总经理 |
| 41. 李建喜 | 市场营销管理 | 广州新福鑫智能科技有限公司 | 副总经理 |

| 姓名 | 书名 | 工作单位、职务或职称 | |
|---|---|---|---|
| 42. 李茂松 | 企业后勤管理 | 暨南大学华侨医院后勤产业集团 | 副总经理 |
| 43. 羊卫辉 | 宏观经济学<br>管理经济学 | 股票、期货私募操盘手、私人投资顾问 | |
| 44. 周文明 | 生产运作管理<br>技术开发与管理 | 广电运通金融电子股份有限公司 | 厂长 |
| 45. 王步林 | 商法 | 广州金鹏律师事务所 | 合伙人、律师 |
| 46. 刘军栋 | 企业信息管理 | 合生创展集团有限公司信息化办公室 | 经理 |
| 47. 张振江（中国台湾） | 无形资产管理 | 南宝树脂东莞有限公司 | 总经理 |
| 48. 程仕军（美国） | 公司理财<br>财务会计<br>管理会计<br>公司治理 | 美国马里兰大学商学院财务系 | 副教授 |
| 49. 黄奕锋 | 行政管理学 | 广东省国土资源厅 | 副厅长 |
| 50. 翁华银 | 战略管理<br>市场营销管理 | 广州行盛玻璃幕墙工程有限公司 | 董事长 |
| 51. 李希元 | 企业危机管理 | 广东省高速公路股份有限公司 | 总经理 |
| 52. 叶向阳 | 金融机构经营与管理 | 中国邮储银行广东省分行 | 财务总监 |
| 53. 杜道洪 | 公司理财 | 广州滔记实业发展集团有限公司 | 总经理 |
| 54. 李飚 | 组织行为学<br>人力资源管理 | 广州市社会科学研究院 | 研究员 |
| 55. 吴梓锋（澳大利亚） | 市场营销管理<br>项目管理<br>战略管理 | 澳大利亚雄丰股份有限公司 | 董事长 |
| 56. 薛声家 | 管理科学思想与方法 | 暨南大学管理学院教授 | 博士生导师 |
| 57. 左小德 | 管理科学思想与方法 | 暨南大学管理学院教授 | 博士生导师 |
| 58. 周永务 | 管理科学思想与方法 | 华南理工大学工商管理学院教授 | 博士生导师 |
| 59. 贺臻 | 创业与企业家精神 | 深圳力合创业投资有限公司 | 总经理 |
| 60. 方向东 | 项目管理 | 新八建设集团有限公司南方公司 | 总经理 |
| 61. 梁岳明 | 公司理财 | 广东省教育服务公司 | 总经理 |
| 62. 邓俊浩 | 企业文化管理 | 广州精心广告有限公司 | 总经理 |

注：3~47 为团队成员，1~2 和 48~62 为外请成员。

## 二、致谢

在本套文库的编写过程中，我们参阅了大量古今中外的文献并借鉴了一些专家、学者的研究成果，尤其是自管理学诞生以来的研究成果。对此，本套文库尽最大可能在行文当中予以注明，并在书后参考文献中列出，但仍难免会有疏漏，在此向所有已参考过的文献作者（国内的和国外的，已列出的和未列出的）表示衷心的感谢！

另外，还要特别感谢参加本套文库的编写人员和提出修改意见的人员，是你们这"113将"的勤奋和智慧才使该文库的构思得以实现。随着这套文库的问世，中国企业会永远记住你们，感激你们！

经济管理出版社是我国经济管理类的中央级出版社，它以严谨的学术、广泛的应用性以及规范的出版而著称。在此，我们非常感谢经济管理出版社的领导和所有工作人员对本套文库的出版所做的工作和提供的支持！

我还要感谢暨南大学这所百年华侨学府，"始有暨南，便有商科"。巧合的是，管理学和暨南大学几乎同时诞生，在此，就让《21世纪工商管理文库》作为管理学和暨南大学的百年生日礼物吧！

我们真诚地希望并欢迎工商管理界的学者和企业家们对本套文库提出宝贵意见，以使该套文库能更好地为中国企业服务，从而全面提升中国企业的管理水平！

夏洪胜

2013 年 12 月